The Islamoists of Sudan

Study of Greed, Corruption, Terror, and Demising of a Nation

Professor Issam AW Mohamed

Part II

ISBN-13: 978-1495322099
ISBN-10: 1495322092

DEDICATION

To my Late Father who Inspired me with all Thoughts

Your great grandson, was born after you left by two months
He has the same mesterious smile I saw on your face the last time

I cannot Forget

Your Philosophy will Continue, that we have to Survive

We shall not Leave our Homes to the Extremists

We shall Stay and Fight with our Thoughts, Voices and Will

We shall Live with Clean Conscious

And we Dedicate our Words to the Meeks Who Stand to Rot in Hunger,
Marginalization and Death
They Stand Watching, Mesmerized by the Dogma and Brutality
Their Country Plundered, Disintegrating and Turning into Dust
They Shall Not Inherit the Earth because Vermins shall eat all

(Professor Bob)

To sin by silence when we should protest
Makes cowards out of men. Human race as climbed on protest
Had no voice been raised against injustice ignorance and lust
The inquisition yet would serve the law and guillotines decide
our least disputes.
The few who dare must speak and speak again to right the
wrongs of many. Speech thank God
No vested power in this great day and land Can gag or throttle
Press and voice may cry loud disapproval of existing ills;
May criticise oppression and condemn
The lawlessness of wealth protecting laws
That let the children and childbearers toil
To purchase ease for idle millionaires.
Therefore I do protest against the boast
Of independence in this mighty land.
Call no chain strong which holds one rusted link.
Call no land free that holds one fettered slave.
Until the manacled slim wrists of babes
Are loosed to toss in childish sport and glee
Until the mother bears no burden save
The precious one beneath her heart until
Gods soil is rescued from the clutch of greed
And given back to labor let no man
Call this the land of freedom.
ELLA WHEELER WILCOX Protest Poems 154-55 (1914).

Contents

The Islamoists of Sudan

Study of Archetypal Totalitarian State, Greed, Corruption, Terror and Demising of a Nation

اسلاميون السودان

دراسة في دولة السلطوية والفساد، الجشع والارهاب وإفناء الأمة

من أين أتى هؤلاء؟؟

هل السماء ما تزال صافية فوق أرض السودان أم أنّهم حجبوها بالأكاذيب؟

هل مطار الخرطوم ما يزال يمتلئ بالنّازحين؟ يريدون الهرب إلى أيّ مكان، فذلك البلد الواسع لم يعد يتّسع لهم. كأنّي بهم ينتظرون منذ تركتهم في ذلك اليوم عام ثمانية وثمانين. يُعلَن عن قيام الطائرات ولا تقوم. لا أحديكلّمهم.

لا أحد يهمّه أمرهم .

هل ما زالوا يتحدّثون عن الرخاء والناس جوعى؟ وعن الأمن والناس في ذُعر؟ وعن صلاح الأحوال والبلد خراب؟

جامعة الخرطوم مغلقة، وكل الجامعات والمدارس في كافّة أنحاء السودان الخرطوم الجميلة مثل طفلة يُنيمونها عُنوةً ويغلقون عليها الباب، تنام منذ العاشرة، تنام باكية في ثيابها البالية، لا حركة في الطرقات. لا أضواء من نوافذ البيوت. لا فرحٌ في القلوب. لا ضحك في الحناجر. لا ماء، لا خُبز،لاسُكّر، لا بنزين، لا دواء.

الأمن مستتب كما يهدأ الموتى.

نهر النيل الصبور يسير سيره الحكيم، ويعزف لحنه القديم

الجدد لايسمعون ولا يفهمون. يظنّون أنّهم وجدوا مفاتيح المستقبل. يعرفون الحلول. موقنون من كل شيئ. يزحمون شاشات التلفزيون ومكرفونات الإذاعة. يقولونكلاماً ميّتاً في بلدٍ حيٍّ في حقيقته ولكنّهم يريدون قتله حتى يستتب الأمن.

مِن أين جاء هؤلاء النّاس؟ أما أرضعتهم الأمّهات والعمّات والخالات؟ أما أصغوا للرياح تهبُّ من الشمال والجنوب؟ أما رأوا بروق الصعيد تشيل وتحط؟ أما شافوا القمح ينمو في الحقول وسبائط التمر مثقلة فوق هامات النخيل؟ أما سمعوا مدائح حاج الماحي وود سعد، وأغاني سرور وخليل فرح وحسن عطية والكابلي المصطفى؟أما قرأوا شعر العباس والمجذوب؟

أما سمعوا الأصوات القديمة وأحسُّوا الأشواق القديمةألا يحبّون الوطن كما نحبّه؟ إذاً لماذا يحبّونه وكأنّهم يكرهونه ويعملون على إعماره وكأنّهم مسخّرون لخرابه؟

أجلس هنا بين قوم أحرار في بلد حرٍّ، أحسّ البرد في عظامي واليوم ليس بارداً أنتمي إلى أمة مقهورة ودولة تافهة. أنظر إليهم يكرّمون رجالهم ونساءهم وهم أحياء، ولو

كان أمثال هؤلاء عندنا لقتلوهم أو سجنوهم أو شرّدوهم في الآفاق .

من الذي يبني لك المستقبل يا هداك الله وأنت تذبح الخيل وتُبقي العربات، وتُميت الأرض وتُحيي الآفات ؟

هل حرائر النساء من " سودري " و " حمرة الوز " و " حمرة الشيخ " ما زلن يتسولنّ في شوارع الخرطوم ؟

هل ما زال أهل الجنوب ينزحون إلى الشمال وأهل الشمال يهربون إلى أي بلد يقبلهم ؟ هل أسعار الدولار ما تزال في صعود وأقدار الناس في هبوط ؟ أما زالوا يحلمون أن يُقيموا على جثّة السودان المسكين خلافة إسلامية سودانية يبايعها أهل مصر وبلاد الشام والمغرب واليمن والعراق وبلاد جزيرة العرب ؟

من أين جاء هؤلاء الناس ؟ بل مَن هؤلاء الناس ؟

الطيب صالح

3

1. Introduction

This is the second part of an analysis of the current regime in Sudan. The principal target of this document is to document the era of the ruling current national salvation regime in the heart of Afraca. Change in Sudan will eventually occur by means of violence, democracy, or disintegration. However, what shall be the aftermath of such expected transformation, will there be a Sudan, or shall it be changed into other forms.

Thus, the document is meant to be a reference for the young Sudanese generations to remember the era and how the domination of the dogma have impacted and transmuted it into quagmire of fanaticism, destroyed the economy and enrooted corruption.

Mahmoud Mohamed Taha (1909-1985) was an engineer, Sudanese religious leader and a philosopher. He had revolutionary ideas about the second message of Islam, which is the essence of the Mecca Qur'an as opposed to Shari'a laws which are the essence of Medina Qur'an. While the Medina Qur'an was appropriate at its time to be the essence of Shari'a, it is now time to bring the Mecca Quran to legislate. Taha opposed Shari'a law as applied in Sudan to non-Islamic and preached that the Sudanese constitution needed to be reformed to reconcile the individual's need for absolute freedom with the community's need for total social justice."

He believed that Islam in its original, uncorrupted form, which is in the Mecca Qur'an, accorded women and non-Muslims equal status. He formed a small group, known as the Republican Brothers, to advance his cause. In 1983, after Nimeiri declared and applied Islamic Shari'a laws in its brutal form he said:

It is better for the Sudanese people to endure the experience of being ruled by the insane Islamic fundamentalists. It shall be very beneficial to reveal how their slogans and principals are false. This cabal shall prevail on the country, politically as well as economically, even by means of Military statute. They will make the Sudanese taste their evil doings. The country shall be bewitched by tumult which will turn people' days into nights. However, that will end and they will be uprooted from Sudan for ever.

That was a true prophecy, though applicably cruel and devastating and still lives in Sudan as a nightmare. The National Islamic Front came by a coup de etat to grab power in 1989. Sudan was divided into North and South as un-precedent vouched. Civil wars were rife in most of its peripherals. That also came to Khartoum itself when demonstrations erupted in the 23rd of September 2013, the government dealt with them as it dealt with the peripherals. It has recruited special militia, the Janjaweed from western Sudan, Chad, Tunisia, Algeria, Mali, and Niger. They were similarly brutal and shot to kill demonstrators in the streets of Khartoum.

Law as an agreement between two or more people to commit a crime .fraud .or other wrongful act defines conspiracy. The theory attempts to attribute the ultimate cause of an event, e.g., major political, social, historical, or cultural events, or chain of events or the concealment of causes from public knowledge to a secret and often deceptive plan by a group of people or organizations. Such theories usually go against consensus or cannot be proven by using the historical method. However, conspiracy also integrates with totalitarianism if it is maximized to cover up controlling a country and evolves into the re-making of a nation against its nature. Totalitarianism is any political system in which a citizen is totally subject to a governing authority in all aspects of day-to-day life. It goes well beyond dictatorship or typical police state measurers and even beyond those measures required to sustain total war between states. It involves constant indoctrination achieved by propaganda to erase any potential for dissent by anyone including most especially the agents of government. Thus, totalitarianism resembles the extreme form of dictatorship. Benito Mussolini originally applied the term to his own regime (1922-1943) in Italy. Italian fascism became totalitarian by 1940. Leon Trotsky applied the term to both the fascist states and Stalin as symmetrical phenomena in his 1936 book Revolution Betrayed. Hannah Arendt (1906-1975) popularized the use of the term totalitarianism in her 1951 book The Origins of Totalitarianism. She illustrates the common features between Nazism and Stalinism as theories of civics. Some people also dub all fascist and communist regimes as totalitarian though some fascist regimes such as Franco's Spain and Mussolini's Italy before World War II. Some other examples were in communist regimes such as Yugoslavia under Tito the Peoples Republic of China under Deng Xiaoping and Cuba under Fidel Castro have authoritarian rather than totalitarian characteristics. We can also consider the post-Stalin Soviet Union as a post-totalitarian society. Historically totalitarian regimes generally surpass authoritarian ones in size and in power: state control of all television, radio, and every other mass media. That makes it relatively easy for totalitarian regimes to make their presence felt often through campaigns of propaganda or the creation of a vast personality cult.

The relationship between totalitarianism and authoritarianism remains controversial: some see totalitarianism as an extreme form of authoritarianism, while others argue that they differ completely. Both types of governments can behave extremely brutally to political opponents, in an authoritarian government the governments efforts focus mostly on those classified as political opponents, and the government has neither the will nor, often, the means to control every aspect of an individuals life. In a totalitarian system, the ruling ideology requires that every aspect of an individuals life become subordinated to the state, including occupation, income, and religion. Personal survival links to the regimes survival, and thus the concepts of the state and the people become merged. This is also described the state like a prison.

Political theories such as libertarianism regard totalitarianism as the most extreme form of statism. However, other political philosophers disagree with this analysis as it implies that totalitarianism can develop through a slow and gradual increase from an operational government, while totalitarian regimes almost uniformly come about because of a revolution, which replaces a government generally regarded as ineffective.

Totalitarian systems seem to necessarily require the presence of a living human absolute leader at all times. They also expect a certain type of guidance for nearly every aspect of life from that leader. Regardless of whether or not a newly installed leader of a totalitarian regime may happen to possess a certain natural charisma or not, the totalitarian system seems to tend to attempt to systematically impose this charisma onto the leader.

Critics of the concept of totalitarianism often argue that there is no clear distinction between totalitarian and authoritarian regimes. Such a distinction is only artificially created by those who wish to make certain dictatorships appear better than others do, or those who wish to justify their alliance with or support of certain dictators rather than others.

On 22 September of 2013, Omar Bashir as the president of the Republic of Sudan declared high increases in the prices of basic commodities, e.g., fuel and wheat prices. The decree was against all experts opinions. It was also defiant of the Sudanese majority poor people who refused it before hand. The next day, demonstrations flared. Bullets streamed down on the Khartoum demonstrators, and there were no pretences of dealing with leniency with them. Every one of them was marked for death. Police officers, special security squads fired on them with AK 47's and sometimes used the heavy Russian Doshkas machine guns. It was a battle of death between armed regular forces and unarmed civilians. Hundreds were killed because they asked for affordable bread they can buy and transportations fees they can pay for.

For demonstrators, it was clear that they did not deal with their countrymen; they were strangers who claimed to be carrying Islamic slogans. They came by night in a coup de etat to forcibly take the power from democratic regime in the 30th of June 1989. They waged Jihad wars against their people in the south part of the country.

They raped, killed, and massacred hundreds of thousands in Darfur region starting from 2003 until now (2013).Similar acts were done to the Nuba Mountains, Blue Nile, and Southern Kordofan people. That was nothing of Islam; it was Nazi's likewise acts, exterminations, forced subjugation, and killings in broad daylight.

The document contains theoretical framework for the dilemma of the current regime in Sudan and analysis of what the basic component of its fundamental philosophy: empowerment lead to. In the final consensus the Sudan, as a nation has melted down into ashes, as a state it is virtually in tatters. Economically, it is a bankrupt country, isolated from the globe, hated by the international society, and distrusted by the international financial institutions. It is controlled by a totalitarian cruel regime characterized by brutalism, pitilessness, and maliciousness. The regime is covered by the cloak of Islam; however, it is behaving un-Islamic overall. Thus, we introduce the word Islamoist as a synonym to describe that monstrous evil.

The term Islamoist is different from Islamic, Muslim or Islamist. It points to a different concept of Islam and different people. Islamic is an adjective of the word Islam, while Muslim means the people who embraced the religion with all its meanings of mercy, discipline, and interpretations of the holly Ten Commandments. Islamists term points to the people who made their way paved only with Islamic religion, perhaps even got into Salafism or Sufism. The first is a fundamental form of Islamic while the second is more or less nearer to Popular Islam. However, Islamoists are different breed of human beings or in their form of Islam. Their religion is dedicated power, and transmuted into a sort of political Islam. Probably it is deformed in core and fanatically devoted to Machiavellian methodologies that forsake the basic core of Islam, which is mercy.

They also proved to be liars as shown when they grasped power by coup de etat in Sudan, or as they climbed over the shoulders of the masses of 2011 revolutions in Tunisia, Egypt or in turbulent Libya. They declared, adopted, and ultimately applied the principles of empowerment and used it to compile all the resources, land, jobs, and economy, e.g., Sudan. They tried the same pattern in Egypt and Tunisia but failed. In Libya, the struggle continues with them to an expected end of showers and blood baths and disintegration of the country.

Our analysis here is focusing on Sudan with its current disintegrating process. The ugliness of empowerment totalitarianism did not show to a deceived international society until truths about Darfur massacres were lately revealed. In Western and even a popular Japanese newspaper published in English it was illustrated as fundamental regime controlled by puritans. That is what it has described the Khartoum Regime.

After Darfur, truths started to blow out more dirt. International money laundry, public monetary embezzlements, Ghost Houses where people were tortured to death and disappeared, and genocides in many part of the county were revealed with undeniable evidences. It was openly a Kleptocratic-genocidal regime, living on sucking life of its people of fortunes and overburdening them with taxes. The crescendo of atrocities climbed up with tightening grip of the opposition groups that created a de facto failed state with chaos crawling from the country peripherals to its centers. That was not the Umma state (People's State) envisioned by Prophet Mohamed. It is pure totalitarian, more likely similar to Fascistic Mussolini's Italy or Nazism as Hitler's Germany. However, such process is similar to what happened since the early days of Islam. The turbulent history of the Middle East and Africa tells about a lot of atrocities, civil conflicts, and permanent turmoil. Pre Islamic history tells us about paganism and obscurant Arabs, how their traditions were uncivilized compared to the dominant Romans and Persians Empires at that time. That condition changed after the Islamic message was delivered to the Arabian Peninsula and quickly diffused to the world outside. Islamic religion was widely accepted in vast regions of Asia and Africa. It has reached the European borders and countries. The Arabs soon acquired cultures and technologies from East and West and Arabian Empire materialized. Arabs from the secluded peninsula merged with World in a new cultural frame enriched by multiple cultures. However, within the new Arabic society, there were the roots of decay, totalitarian ruling class, obscurantism, and social disintegration. Those manifested by the transformation from the Al Khilafa Al Rashida of Abu Bakr, Omar, Osman, and Ali, to the Ommiad and Abbasside legacies. The Khalifas were part of the Umma, Islamic people, whereas, the Ommiad and Abbasside were royals of unlimited powers ruling without questions. The Khalifas were living with the people, in simple houses, while the following built palaces and hosted Harems. The Khalifas were questionable in front of the Umma, while the other rulers were above all, with the powers of life and death in their hands.

2. Religious Prosecutions

They were fanatics to the limits of lunacy, they were cruel like hyenas. Their flags blotted the streets of once peaceful city. They burned churches, torn down Jewish temples. Thus, religious persecution became generally expected to occur as in all fundamental regimes. Before, the Sudanese lived in harmony with each other's (1900-1970), even with the existing dominant Muslims in the country. Christians and Jewish migrants controlled the mercantile sector in the country, which thrived during that period. In 1969, Jafaar Nimeiri launched a coup de etat, which initially wore and raised the red flag. He nationalized the private sector and launched restructuring left wing program. Afterwards a seemingly communist attempt occurred in July 1971. It has failed, the perpetrators were executed and a change in heart transmutated the mind of the sole ruler and dictator Nimeiri. He sailed towards the West and established strong strategic relationships. However, in 1983, Nimeiri reverted to fundamental Islam and in unprecedented move; he declared Islamic Shari'a laws in the country. In hysteric frenzy, he stood speaking to the people on the abolishing of the stature laws and application of the Shari'a, closing the liquor bars in the country and throwing their bottles in the Nile River[1]. Before taking

---

[1] The people in Khartoum, told jokes about the crazy act of throwing precious Whiskey, Cogniac and Gin bottles in the Nile water. They spoke about extensively eating drunken Nile fish. Some spoke about divers looking for the precious bottles and how

that step, the country was facing economic crisis. The people were grumbling, the army officers' submitted protest against corrupt officials and Nimeiri' protégées. After declaring Shari'a laws, police and security hounds were released on people, arresting them for drinking alcohol, accompanying females in the streets or gatherings of more than three people. The whole country lived in terror as Shari'a was suddenly forced on it. Couples were afraid to be arrested as subject to the new law of suspicions of adultery, which is not in Shari'a. Hungry thieves were arrested and their right hands chopped for petty thefts. The bestialities of cutting the right hand and left leg of armed robbers were applied including crossfications. That silenced the hungry voices for bread but also awakened the sleeping beast of Islamic fundamentalism. The Muslim Brothers allied and merged with Nimirie's regime. However, the Salafi movements were awakening and working amongst the people. Thus, the move against other religions in the country was established and signs of political persecutions were evident. The following years saw a popular uprising against Nimirie's regime, which was toppled in 1985. However, the seed of evil was planted and Shari'a laws remained en force. The 1989 coup de etat by National Islamic Front (NIF) sustained and reinforced that status, with even more powers of terror on the Sudanese people. Thus, religious racialism became a principle and the following years revealed more evidences. An official in the General Church in Sudanese capital, Khartoum, revealed that mixed force from police and National Intelligence and Security Service (NISS) arrested on

---

one of them drowned as he could not hold himself when he the treasure and helped himself to stupor underwater.

Monday morning three responsible in the Church. He pointed out that at the same day the forces arrested the Students Secretary, Yousif Sayed, and the administrative director of Church, Pastor Barnabas Timathos and they have been taken to an unknown destination.

The source, who preferred not to be identified, suggested that the reason behind the arrests is the hostile campaign against Christians in Sudan, especially the Christians from the Nuba Mountains. Activists in Khartoum reported forcible abductions and intimidation practiced by the security authorities against Christians in Khartoum. They indicated that they do not know the detainees or places of their detention and whether they were allowed to meet their families or lawyers to defend them. A Priest in Khartoum accused on Wednesday the Sudanese authorities of harassment of Christians, saying, "If we want to offer sermon to the believer in the Church on Sunday, we have to take permission from the security authorities", pointed out that the country became governed by radical Islamists. Christians in Sudan face a hostile campaign by radical Islamist supported by the government authorities.

3. The Coming War

The republic of South Sudan seceded from the mother country in July 2011. It was a strange secession, however, without well-recognized borders, with open range conflicts even before independence. The institutional structures depended on the SPLA, which was only an army of guerilla. The lacked basic experiences about governance or economic reconditioning after separation. However, they were determined to have their own country. Soon trouble seemed eminent. Silva Kiir, president of the Republic of South Sudan, announced that he had ordered units of the Sudan Peoples Liberation Army to deploy south of the border between his country and its northern neighbor, the Republic of Sudan, in response to the buildup of military forces north of the same border. While the north south border area has been militarized for several years, this ominous military buildup by both countries brings them one-step closer to war. A year ago the Southern government stopped all oil production (70 percent of historic Sudan's known oil reserves are in the South) when it discovered the Khartoum government was diverting oil, selling it on the spot market, and taking all of the revenue.

International diplomats have thrown up their hands in disgust as all efforts at mediation between the two sides to avoid war have failed. Thabo Mbeki ,former president of South Africa, and the chief diplomat for the African Union wrote to the two presidents Kiir and Omar Hassan al Bashir of Sudan and told them to sort their differences before they call him in again to mediate the talks. U.S. policy on Sudan may be in transition with the appointment of Secretary of State John Kerry who as a U.S .senator took a rhetorically tougher line on Sudan than Secretary of State Hillary Clinton who sought to engage rather than confront Bashir Islamist government in Khartoum. The U.S. special envoy to Sudan, a very able U.S. career diplomat named Princeton Lyman, announced his resignation just as Secretary Clinton transitioned out of office. U.S leadership is most needed to avoid war right now and in no position to provide it. Yet should the two countries return to war, the crisis would divert the U.S. government's attention from other pressing problem. A war would be a conventional one and likely will engulf neighboring countries.

The two countries have disputes that center on four issues:

1. demarcation of the oil and mineral rich disputed border between the two countries,

2. the price the South will pay the north to move southern oil through the northern pipeline to Port Sudan for shipment,

3. surreptitious support by both governments of rebellious groups in each others territories,

4. Final implementation of provisions of the two countries peace agreement to resolve peacefully the governance of Blue Nile Province, the Nuba Mountains, and the Abyei region.

Kiir and Bashir signed agreements to resolve most of these issues, but internal opposition from their respective militaries prevented implementation of the agreement. Bashir is reportedly ill with throat cancer, and younger northern generals who have been promoted based on their loyalty to Islamist ideology and the ruling party rather than their competence gave him an ultimatum to either give them control over policy on negotiations with the south or face military unrest or eminent coup de etat. Perhaps because of his failing health and weakened political position Bashir unwisely chose to give them control. These ambitious generals did not support the peace agreement between the two countries to begin with, have not traveled widely outside Sudan, have no diplomatic or political experience, and are extremely paranoid about any negotiations or agreements with the South Sudanese government, as they believe the South is secretly supporting northern opposition groups .Many of the generals reportedly believed that the rise to power of the Muslim Brotherhood their natural allies in Tunisia and Egypt, and the ouster of Muammar Kaddafi enemy of the Bashir government from power in Libya would rescue them in Sudan. The problem with their calculation is that Muslim Brotherhood is in crisis in both Tunisia and Egypt, and in no position to help their friends in Khartoum.

The economies of both countries have sunk into severe economic crisis when oil revenues stopped a year ago: the South alone suffered a 55 percent decline in GDP in 2012. A hard-line faction in South Sudan supported the shutdown of oil production believing that it would lead to the collapse of the Bashir government and the seizing of power by secular democratic parties: oil production did end, the economies are collapsing, but Bashir and his generals remain in power. The risk taking by both sides is dragging the two countries off the cliff simultaneously. A majority of the Southern people are subsistence agriculturalists and pastoralists who are unaffected by the shutdown of oil revenue, but the growing urban population is dependent on Southern government payroll to survive and face rising inflation, no paychecks, and hunger. In the north inflation rages, the GDP is dropping, the Sudanese pound is depreciating, unemployment is rising, and public employees are not being paid. The two governments are racing to see which of their economies collapses first which will affect the two political systems in profoundly different ways.

Politically, the ongoing conflict between the two countries unites the South people ,which abhor the northern Arab government, religion, and culture more than their tribal rivals in the South do do. Meanwhile, the northern population is divided by the conflict. The Bashir government, the ruling party, and the Sudanese military have little remaining public support, only the brutal secret police and a divided northern democratic opposition have prevented an uprising from unseating the Bashir government. While the Bashir government is the weakest since independence traditional northern parties are morally and political bankrupt and been unable to unite behind a common leader as a creditable alternative to Bashir and his generals. Many northerners had great hope that the Sudanese Peoples Liberation Movement, the Southern party which led the south for the past three decades and negotiated the peace agreement which ended the civil war in its northern manifestation could have been that alternative have been disappointed.

For a year and a half now, Khartoum has been trying unsuccessfully to starve its regional and tribal opponents in the north into submission by stopping food from getting to the civilian population. When that tactic failed to stop growing opposition to Bashir and his generals, they reverted to their traditional practice of killing civilians, which is much easier than defeating their military opponents. Just in the past few weeks, the northern air force has resumed bombing of civilian population areas hostile to the Bashir government in Khartoum, killing hundreds and displacing hundreds of thousands. Most of the Sudanese air force is now made up of mercenaries from Iran, Egypt, and Russia, as

Khartoum fears their own pilots will refuse to bomb civilian targets or could attempt a coup. In an effort to defuse the crisis, Silva Kiir held out an olive branch to the north by offering to withdraw Southern troops from the border an action that would clear the way for oil production to resume. The reaction of the northern generals will likely be to stall Kiir's offer by demanding more concessions while making none of their own. A month ago, Kiir removed commanders en masse in the South's military who were preventing the peace agreement he reached with Bashir from being carried out, which was a very risky but wise decision. Southern patience is not endless, and the northern generals have overplayed their hand more than once in the negotiations. The U.S. position has been to act as a neutral mediator, which worked well when Bashir was running the country to get him to compromise, but now that the generals are in charge acting as a mediator has only empowered Bashir generals to demand more Southern concessions. It is time for the United States to make clear to Khartoum that should they persist in their stonewalling tactics; the U.S. government will increase military assistance to the Sudan Peoples Liberation Army, including providing them with advanced weapons, which would change the balance of military power between Sudan and South Sudan. At critical times in the past Omar al Bashir has silenced the hardliners, sided with more moderate voices in Khartoum, and negotiated with opposition groups in the north and the South rather than trying to bomb them into submission. Now is such a time to move.

4. بلا حقوق إلا حق الموت

Only the Right of Death

في يوم 4 مارس 2009 أصدرت المحكمة الجنائية الدولية قرارها الخاص بتوقيف الرئيس عمر البشير. ومنذ ذلك التاريخ شددت الأجهزة الأمنية إحكام قبضة الرقابة القبلية علي كل ما ينشر بالصحف الصادرة في الخرطوم، خصوصاً ما يكتب حول المحكمة الجنائية. وأعلنت الأجهزة الأمنية والشرطية بواسطة قياداتها طرد كل من يتحدث عن المحكمة الجنائية أو يؤيدها من السودان وإعتباره منزوع الجنسية إن كان مواطناً سودانياً.

كان أول رد فعل علي قرار المحكمة الجنائية، بتوقيف الرئيس السوداني عمر البشير هو إبعاد عشر منظمات دولية عاملة في المجال الإنساني من السودان وإغلاق ثلاث منظمات وطنية ومصادرة ممتلكاتها. وتضمن ذلك إغلاق مركز الخرطوم لحقوق الإنسان وتنمية البيئة في الرابع من مارس عقب إعلان قرار المحكمة بربع ساعة. ومنعت الصحف من نشر الرأى الآخر حول إبعاد المنظمات الدولية وإغلاق الوطنية[2]. وترك إغلاق مركز الخرطوم لحقوق الإنسان وتنمية البيئة أثره علي مسار حرية التعبير والصحافة وحقوق الإنسان في السودان. وكان المركز يعمل علي تدريب وتأهيل الصحفيين علي مهارات العمل الصحفي وحقوق الإنسان وحرية التعبير والصحافة. وكان أيضا يستضيف شبكة صحفيون لحقوق الإنسان جهر. الأخيرة تعمل في مجال رصد وتوثيق إنتهاكات حق التعبير وحقوق الإنسان. كما يعمل المركز أيضا علي تقديم العون القانوني للصحفيين الملاحقين من قبل السلطات.

---

[2] نقلا عن الشبكة العربية لمعلومات حقوق الإنسان.

بإغلاق مركز الخرطوم لحقوق الإنسان و تنمية البيئة قصدت الحكومة السودانية أن تضرب خط الدفاع الأول للمدافعين عن حقوق الإنسان. وأرادت بذلك أن تشل حركة حقوق الإنسان والمدافعين عن حرية التعبير في السودان. وقد أدي إستهداف ومضايقة نشطاء وقيادة المركز إلي إضطرار قيادته لمغادرة البلاد قسراً فى 17 و18 فبراير، فى ذروة حملة أمنية من التضييق والإستدعاءات والتحقيقات والإعتقالات الأمنية التي تصل مرحلة التعذيب النفسى والبدنى.

في يوم 5 مايو 2009، أصدرت شبكة صحفيون لحقوق الإنسان جهر بيانًا أدانت فيه الإجراءات الرقابية المتعسفة التي يمارسها جهاز الأمن الوطنى والمخابرات ضد حرية الصحافة والتعبير في السودان عموماً،وخصوصاً تلك المتحاملة علي الصحف المعارضة. علي وجه التحديد طبق هذا علي صحف أجراس الحرية ورأي الشعب والميدان. وإستنكرت جهر التعطيل المتعمد الذي تتعرض له هذه الصحف باستمرار. وطالبت الدولة بالقيام بدورها في حماية الدستور، واتفاقية السلام اللذين يكفلان حرية الصحافة والتعبير، ويحددان مهام جهاز الأمن بأنه جهاز لجمع المعلومات وتحليلها وتقديم المشورة للجهات المعنية. وقالت جهر أن السلطات الممنوحة لجهاز الأمن في الوقت الراهن تعيق عملية التحول الديمقراطي والتدأول السلمي للسلطة. وهذا من شأن أن يفشل الإنتخابات. كما إن الإنتهاكات المتواصلة لحرية التعبير في السودان تدل علي عدم جدية الحكومة في الإلتزام بانفاذ التحول الديمقراطي، وتشكك في مصداقيتها تجاه الإنتخابات. وفي يوم 19 مايو 2009 م، إعتصم حوالي 70 صحفي داخل مقر المجلس الوطني البرلمان بأمدرمان إحتجاجا علي مشروع قانون الصحافة والمطبوعات لسنة 2009 م، الذي كان من المقرر إجازته في الجلسة.وفي ذات الجلسة التي كان مقرراً فيها إجازة مشروع قانون

الصحافة إنسحب حوالي 168 نائباً برلمانياً تضامنا مع الصحفيين. وعقدوا مؤتمرا صحفياً لتوضيح موقفهم من القانون. وقد تم تأجيل إجازة مشروع القانون في تلك الجلسة. وقد أُجيز المشروع لاحقاً في 10 يونيو 2009.

رغم الاحتجاجات المحلية والدولية فقد تمت إجازة أسوأ قانون في تاريخ الصحافة السودانية. ففي يوم 10 يونيو 2009، أقر المجلس الوطني البرلمان مشروع قانون الصحافة والمطبوعات لسنة 2009 والذى يعتبره الصحفيون الأسوأ في تاريخ السودان. وقد قوبل بانتقادات عنيفة من الصحفيين السودانيين والمجتمع المدني داخل السودان وخارجه. ولكن علي الرغم من تلك الاحتجاجات والإنتقادات إلاّ أن القانون مر من داخل المجلس الوطني البرلمان وأُعتُمِد كقانون للصحافة. وأجرى المجلس الوطني تعديلات تسقط عقوبة السجن للصحفيين التي وردت بمشروع القانون. ولكن توجد قوانين أخرى تجعلها سيفًا مسلطًا على رقاب الصحفيين. فقد كان مجلس الصحافة يمتلك صلاحية فرض غرامات مالية باهظة على الصحف والصحفيين تصل إلى 50 ألف جنيه سوداني أي ما يعادل نحو 21 ألف دولار أمريكي. وقد أسقطها القانون الجديد إلاّ أنه ترك الباب مواربًا لفرض الغرامات وترك تقديرها للقضاء. القانون الجديد منح مجلس الصحافة صلاحية إصدار قرارات إغلاق الصحف لمدة ثلاثة أيام دون تفويض من القضاء. وهذا المجلس الذي يتكون من 21 عضوًا، يقوم رئيس الجمهورية بتعيين 6 منهم من بينهم الأمين العام. هذا يفسح المجال لمزيد من سيطرة الدولة على مجلس الصحافة.

لم يقدّم القانون الجديد تنظيماً لآليات تدفق المعلومات بين الجهات الرسمية والصحفيين الذين يقع علي عاتقهم البحث عن المعلومات والإعتماد بشكل كامل على مصادرهم الذاتية، في بيئة معادية لحرية تدفق المعلومات. وبموجب هذا

القانون يوكل للسلطات الحكومية القدرة على فرض القيود على الصحافة لإعتبارات الأمن القومي والحفاظ على النظام العام. ولم يخلو القانون من العبارات الفضفاضة التي تحتمل تأويلات وتفسيرات عدة من قبيل حظر نشر كل ما من شأنه إثارة الفتن الدينية أو العرقية أو العنصرية أو الدعوة للحرب أو العنف، والتأكيد أن على الصحف إحترام وحماية الأخلاق العامة والقيم الدينية. وقد إنتقدت جهات دولية واقليمية ووطنية هذا القانون. ومن بينها الشبكة العربية لمعلومات حقوق الانسان ولجنة حماية الصحفيين وهيومن رايتس ووتش وشبكات الصحفيين السودانيين وصحفيون لحقوق الانسان. وهو يتناقض مع الدستور الإنتقالي لجمهورية السودان لسنة 2005ويتنافي مع كافة المواثيق والعهود الدولية المصادق عليها من قبل جمهورية السودان. هذا كالعهد الدولي للحقوق السياسية والمدنية والميثاق الأفريقي لحقوق الإنسان والشعوب والمادة (19) من الإعلان العالمي لحقوق الانسان. وطالبت شبكة الصحافيين السودانيين وجهر بإلغاء القانون، وعقدت الشبكتان لقاءات متعددة جمعت صحفيين ونشطاء حرية تعبير وحقوق إنسان، إلى جانب نشطاء سياسيين من كل ألوان الطيف السياسي والأحزاب السياسية. وجرت إجتماعات ولقاءات أخري بين مدير جهاز الأمن وبعض رؤساء تحرير الصحف. إنتهت تلك اللقاءات إلي إتفاق أعلن عنه أمام الملأ بأن إجراءات سوف تتخذ عاجلاً لوضع حد للرقابة علي الصحف.لكن شيئاً من ذلك لم يحدث كما ورد ببيان شبكة الصحفيين السودانيين. وشاركت شبكة الصحفيين السودانيين وشبكة صحفيون لحقوق الانسان جهر ضمن آخرين في صياغة مسودة لقانون الصحافة والمطبوعات الذي أودعته كتلة التجمع الوطني الديمقراطي منضدة المجلس الوطني. وأبدت الشبكتان ملاحظاتهما حول المسودة التي صاغتها مؤسسة إتجاهات المستقبل وأدرجت هذه الملاحظات في المسودة. وكان مجلس

الوزراء أجاز في مطلع شهر أبريل 2009 مسودة قانون الصحافة والمطبوعات التي أعدها المؤتمر الوطني والحركة الشعبية. وأودعها المجلس الوطني في 20 أبريل 2009 في دورته الطارئة التي بدأت في الثاني عشر من أبريل 2009. وقد ووجه مشروع القانون بإنتقادات لمخالفته الدستور الإنتقالي لجمهورية السودان لسنة 2005 وتعارضه مع المواثيق والعهود الدولية وإنتهاكه أهم مبادئ القانون الدولي الإنساني وهو الحق في التعبير.

فى ذات الوقت أعلنت شبكة الصحفيين السودانيين رفضها لمشروع القانون. وقالت في بيان لها، ترفض الشبكة مشروع القانون الذي أعده الشريكان في سياق مطالباتها المتكررة بضرورة تحرير الصحافة من الوصاية وتركها لتقوم بدورها المهني والأخلاقي بمسؤولية وشرف.

المشروع يتعارض تعارضاً جوهريًا مع الدستور الإنتقالي وكان علي المشرعين من أعضاء المجلس والقوي السياسية بالعمل علي إلغائه وإستبداله بمشروع قانون أكثر ديمقراطية يتماشي مع الحقوق والحريات التي تضمنها الدستور الإنتقالي والمواثيق والعهود الدولية والإقليمية التي صادق عليها السودان. وأعلنت الشبكة رفضها لمشروع القانون الذي يحرم الصحافة من أداء وظائفها الأساسية. وأنه هو ينتهك حق الحصول علي المعلومات الذي نص عليه الدستور الانتقالي وإتفاقية السلام التي تَعتَبِر إنتهاك حقوق الإنسان وإنتهاك للإتفاقية نفسها. وورد هذا في البيان الذي أصدرته شبكة الصحفيين السودانيين علي إثر المعارضة القوية التي وجدها مشروع قانون الصحافة والمطبوعات لسنة 2009 من المجتمع الصحفى بأكمله. ونتج عن الإحتجاجات المتعددة للصحفيين السودانيين التي نظمتها شبكة الصحفيين السودانيين وآخرين أن أعلن الكثير من القوي السياسية ومنظمات المجتمع المدني تضامنها

مع الصحفيين. وإنسحبت كتلتا الحركة الشعبية لتحرير السودان والتجمع الوطني الديمقراطي بالمجلس الوطني من الجلسة الخاصة بالتداول حول مشروع قانون الصحافة والمطبوعات لعام 2009والذي تمّت إجازته في مرحلة السمات العامة. وشهد المجلس الوطني البرلمان منازعات بين الكتل البرلمانية حول الجهة التي وضعت مشروع القانون المثير للجدل. وقابلت شبكة الصحفيين السودانيين القانون بجملة من التحفظات وتجمّع عدد من الصحفيين داخل البرلمان وسلّموا مذكرة إحتجاج للكتل البرلمانية المختلفة. ونظمت شبكة الصحفيين إحتجاج داخل وخارج مبنى البرلمان شارك فيها أكثر من 70 صحفى سودانى من العاملين فى الداخل والخارج، إحتجاجا علي إجازة القانون الذي يعتبره الصحفيون معوق لعملهم ومنتهك لحقوقهم.

في يوم الإثنين الأول من يونيو 2009وتحت شعار معاً ضد إيقاف الصحف، نظمت شبكة الصحفيين السودانيين يوما تضامنيا مع صحيفة ألوان. وتلك كانت موقوفة بأمر جهاز الأمن منذ 15 مايو 2008 م، عقب نشرها خبر عن إختفاء طائرة عسكرية مقاتلة تتبع للجيش السوداني في أعقاب هجوم حركة العدل والمساواة علي أمدرمان في 10 مايو 2008م. وأعربت الشبكة العربية لمعلومات حقوق الإنسان عن تجديد مساندتها التأمة للصحفية لبني وكافة النساء السودانيات اللاتي يتعرضن للاضطهاد والعنف بحماية قانونية. وطالبت بتعديل المادة 152 من قانون العقوبات التي تكرس العقوبة على فتيات أخريات. واعتبرت أن هذه المادة تخالف الدستور وتتجاوز الحريات. ولكن وجهت ضربة قوية لحرية الصحافة من جهة كان من المفترض أن تكون الأبعد وهي القضاء. حيث أجازت المحكمة الدستورية الرقابة علي الصحف. ففي يوم 2 اغسطس 2009 أمر القاضي عبد الله الأمين البشير رئيس المحكمة العليا بشطب الطعن والدعوى الدستورية التي تقدمت بها صحف الميدان وأجراس

الحرية ورأي الشعب ضد جهاز الأمن والمخابرات الوطني لممارسته الرقابة السابقة للنشر عليها وتعطيلها من الصدور.

كان المحامون نبيل أديب عبد الله وعلي محمود حسنين وكمال عمر عبد السلام وأميمة أحمد المصطفى وخنساء أحمد علي قد تقدموا بعريضة طعن دستوري ضد جهاز الأمن والمخابرات الوطني بتاريخ 14 سبتمبر 2008. الدافع القانوني كان أنه وفي تواريخ مختلفة تم فرض رقابة مسبقة على النشر لمواد مختلفة في صحف سودانية عديدة بينها الميدان وأجراس الحرية ورأي الشعب. وأن تلك الرقابة ترتب عليها منع نشر تلك المواد وأوردوا تدعيماً لدعواهم أسباب أن ذلك خرقا لحريتي التعبير والنشر وأن الرقابة المسبقة وحظر النشر بعد ذلك يخرق الحق الدستوري للطاعنات وفقاً لأحكام المادة 139 من الدستور. هذا لأن منع النشر ينتهك حق الطاعنين في نشر المعلومات وأنه يشكل إخلالاً بالمحكمة العادلة وينتهك حرية الصحافة. وإلتمسوا في عريضتهم إعلان أن كافة أشكال الرقابة المسبقة على النشر الصحفي التي يمارسها جهاز الأمن والمخابرات الوطني هي أعمال تتعارض مع الدستور كما طالبوا بمنح الطاعنين كل على حدة تعويضا اسميا قدره 10,000 جنيه لما حاق بهم من ضرر.

كانت الاستجابة بُرفَع الرقابة ولكن مع بقاء القيود حيث أنه في يوم 27 سبتمبر 2009، أعلن الرئيس عمر البشير رفع الرقابة عن الصحف. وقراره هذا كان محمدة ولكنه أثبت فعلياً أن هنالك رقابة صارمة كانت تُمارس علي وسائل الاعلام. والجهات التي كانت تمارس الرقابة كانت تنكر أن هنالك رقابة علي الصحافة ووسائل الاعلام. وقد أصدرت الشبكة العربية لمعلومات حقوق الانسان بيانًا رحبت فيه بالقرار الذي أعلنه الرئيس عمر البشير برفع رقابة الدولة المسبقة على الصحافة المكتوبة والتي تقوم بها أجهزة المخابرات مساء كل

يوم في قاعات تحرير الصحف لحذف المواضيع التي تعتبرها السلطة حساسة جدا. هذه كانت خطوة جيدة فى سبيل حرية الصحافة فى حال تنفيذ القرار دون تغييرات أو ممارسات حكومية تعرقل تنفيذه.

دعا جهاز الأمن عددا من رؤساء التحرير إلي اجتماع بخصوص رفع الرقابة على الصحف فى السودان. وقدم لرؤساء التحرير ميثاق مكتوب وطلب التوقيع عليه بغية رفع الرقابة. إلا أن بعض الصحف لم توقع علي الميثاق لانه مفروض عليهم ولم يكونوا طرف في صياغته. وبالمقابل وقع عدد كبير من رؤساء التحرير عليه. الأمر الواقع أن ميثاق رفع الرقابة طبق على الصحافة المكتوبة فقط ولم يشمل التلفزيون أو الاذاعة المملوكتين للنظام. وقد أبلغ عدد من الصحفيين السودانيين في اتصالهم بالشبكة العربية أن الحكومة تحاول تحسين صورتها بأي ثمن أمام الرأي العام خاصة مع اقتراب إجراء أول انتخابات عامة رئاسية وتشريعية يشهدها السودان منذ أكثر من 20 عاما. وهي تريد الظهور بمظهر الداعم للحريات وسط حرج وضغوط عالمية عقب قرار الجنائية الدولية بتوقيف الرئيس البشير بتهمة ارتكاب جرائم حرب فى دارفور.

طالبت الشبكة العربية لمعلومات حقوق الإنسان الحكومة السودانية بالجدية فى تنفيذ القرار برفع الرقابة على الصحافة وتوسيعه ليشمل وسائل الإعلام المرئية والمسموعة وإلا يكون القرار مجرد وعود انتخابية. وأعربت عن أملها في أن يكون القرار بداية مرحلة جديدة لإقرار الحريات الأساسية التي غابت طويلا عن السودان وعلى حرية التعبير والتظاهر والتجمعات السلمية والسماح للتيارات المعارضة بالعمل دون عراقيل.

لم يستمر شهر العسل الموعود بين النظام والصحافة طويلاً إذ أن الاعتداءات على الصحفيين أثناء تأدية عملهم بدأ في الظهور علنا بعد أن كانت في جنح

الظلام. ففي صباح الاثنين 7 ديسمبر 2009 قامت الشرطة بإطلاق الغاز المسيل للدموع وتعدت ضربًا بالهراوات والسياط وأعقاب البنادق لتفريق المواطنين. وكانوا قد تجمعوا أمام البرلمان ليمارسوا حقوقهم التى يكفلها الدستور الإنتقالى لعام 2005 والمواثيق الدولية وليعبروا عن أمانيهم بالتحول الديمقراطى في وطن عانى من الحروب والأزمات. وبحسب بيان لشبكة صحفيون لحقوق الأنسان فقد تم إعتقال مئات المواطنين وزجوا فى حراسات الشرطة وتعرضوا للإهانة والإذلال والعنف المادى والمعنوى بطريقة وحشية. هذا أكد أن الدولة بوليسية وما زالت مصرة على كبت الحريات وإنتهاك حقوق الإنسان، غير عابئة بشعارات التحول الديمقراطى المنشود. وكان من بين المعتقلين عشرات الصحفيات والصحفيين ونشطاء حرية الصحافة والتعبير. وقد منعوا من ممارسة حقهم كمواطنين ومهنيين. وحُرِمت معظم القنوات الخارجية من التغطية الخبرية وصُودرت أشرطة التسجيل وهذا ليس جديد على أجهزة الأمن السودانية. أورد البيان قائمة باسماء الصحفيين والصحفيات الذين تعرضوا للإعتقال التعسفى والضرب والإذلال وهم يمارسون حقهم فى التعبير ويقومون بواجباتهم المهنية تجاه نشر الأخبار والمعلومات والحقيقة:

1. بطرس يعقوب، صحيفة أجراس الحرية.
2. أتيم سايمون، صحيفة الاخبار.
3. قمر دلمان، صحيفة أجراس الحرية.
4. هنادي عثمان، صحية الرأي العام.
5. درة قمبو، صحيفة الأحداث.
6. فريق تغطية تلفزيون جنوب السودان.

7. فريق تغطية قناة الجزيرة.

وعبرت شبكة صحفيون لحقوق الإنسان، عن رفضها لهذه الإعتداءات السافرة بحق حرية التعبير، وطالبت بتقديم مرتكبي الانتهاكات ضد المتظاهرين إلي المحاكمة. وفي يوم الأثنين 14 ديسمبر 2009 في أعقاب فض المظاهرة السلمية لتحالف قوي المعارضة، اعتقلت الشرطة 118 مواطناً. وأساءت معاملتهم اثناء الاحتجاز بحسب بيان لشبكة جهر الذي أعلن اعتقال الشرطة عدد كبير من الصحفيين والصحفيات، ونشطاء حرية التعبير أثناء قيامهم بواجبهم المهني في تغطية الأحداث. ومن بين الصحفيين الذين أعتقلوا:

1. لوشيا جون أبوي، قناة الشروق.

2. هاشم حسن رحمة الله، صحيفة صوت الأمة.

3. آدم محمد بشر، صحيفة صوت الأمة.

4. ليلي الصادق، صحيفة صوت الأمة.

5. سارة عبدالحميد، صحيفة صوت الأمة.

6. محمد علي فزاري، صحيفة صوت الأمة.

7. رضا زكريا، صحيفة صوت الأمة.

8. الفاضل الصادق، صحيفة صوت الأمة.

9. رشان أوشي، صحيفة التيار.

10. فريق تغطية قناة العربية.

حاصرت الشرطة دار صحيفة صوت الأمة واعتقلت عدد من صحفييها. كما اعتدت بالضرب علي مراسلي عدد من وكالات الانباء وصادرت أجهزة

تسجيلهم وآلات التصوير الخاصة بهم. وهذا هو نمط تنتهجه أجهزة الأمن والشرطة لإخفاء الانتهاكات التي ترتكبها عن أعين العالم وصحافته. وأدانت شبكة صحفيون لحقوق الإنسان الانتهاكات التي ارتكبتها الشرطة ضد المواطنين. وقالت أن حق التجمع السلمي منصوص عليه في دستور السودان الإنتقالي. واستنكرت بشدة الاعتقالات والمضايقات التي يواجهها الصحفيون والصحفيات في سبيل نقل المعلومات ونشرها وهو حق كفله الدستور وكافة المواثيق والعهود الدولية.

كانت هناك طلبات لوزارة الداخلية بكشف هوية افراد الشرطة الذين اعتدوا علي الصحفية لوشيا جون وتقديمهم للمحاكمة وعدم التستر علي هذه الجريمة. تبع ذلك دعوة يائسة لرئيس اتحاد الصحفيين الذي يتصارع مع أعضاء حزبه علي منصب سياسي مرموق بأن يلتفت لانتهاكات حرية الصحافة وقمع الصحفيين وأن يوفر اتحاده الحماية للصحفيين والصحفيات للقيام بواجباتهم بدلا من الاشتغال بتجميل وجه النظام. وانتقدت اللجنة الدولية لحماية الصحفيين الاعتداءات علي الصحفيين السودانيين اثناء تأدية عملهم.

مع الرقابة الأمنية علي الصحف تدهور أدائها المهني بصورة كبيرة وأصبحت بصورة أو أخري أبواق للنظام حتي عف المواطن عن قراءتها. وأصبحت المواقع الالكترونية مصدرا رئيسيا للإطلاع علي الأنباء وتبادل الآراء مع صعوبة نشر الرأي الحر في الصحف اليومية. ولكن صارت الهيئة القومية للاتصالات وهي هيئة حكومية تحجب العديد من المواقع الإلكترونية داخل السودان فى فترات مختلفة. ومن بين تلك المواقع علي سبيل المثال موقع اليوتيوب. وقد تم حجب هذا الموقع بعد أن نشرت فيه صور لأفراد وضباط يتبعون لجهاز الأمن والمخابرات يقومون بتعذيب أطفال من دارفور، تم إعتقالهم

عقب اشتراكهم في هجوم حركة العدل والمساواة علي مدينة أمدرمان فى مايو 2009. وعقب إعلان قرار المحكمة الجنائية الدولية بتوقيف الرئيس عمر البشير حجبت الهيئة موقع المحكمة الجنائية الدولية. وكانت الهيئة تحجب موقعي اللادينيين العرب والعلمانيين العرب. كما تحجب الهيئة موقع المصطفي دوت كوم وهو عبارة عن مكتبة إلكترونية تحتوي علي كتب لكتاب مشهورين وكتب حول التاريخ الإسلامي وكتب مصادرة من الحكومات في الوطن العربي. وحجبت الهيئة القومية للإتصالات بعض المواقع التى تنشر إنتهاكات حقوق الإنسان فى السودان. ومن الصعوبة الوصول لموقع الأمم المتحدة الذي يحتوي علي تقرير المقرر الخاص حول السودان.

التنصت علي الإتصالات هو نمط نراه في أفلام الجاسوسية التي تخرج من استوديوهات هوليوود وغيرهاولمبدأً لم يكن أحداً يتصور أن هذا ممكنا علي نطاق واسع. ولكن مع التقدم التقني وتوافر الأدوات أصبح متاحا لمن يمكنه توفير تمويلا لهذه الأنشطة[3]. وفي مطلع القرن الحالي خرجت الاشاعات أن جهاز الأمن والاستخبارات فرض رقابة علي أشخاص معينين وأن أدواته كانت شركات الإتصالات. العرف العالمي أن مثل هذا العمل هو إنتهاكاً لخصوصية وحرية الفرد. ولكنه أصبح عملا روتينيا تقوم به هذه الأجهزة. وبهذا درجت شركات الإتصالات على إنتهاكات الخصوصية بأشراف أقسام تابعة لجهاز الأمن وتحت إدارة ضباط أمن عبر التصنت على المستفيدين من

[3] أصبح التنصت علي الهواتف الشخصية أمراً عاديا في نظام الإنقاذ ومعروفاً بالنسبة لأي مواطن. وقد أبلغني به أحد مصادر جهاز الأمن أو كما يطلق علي من يشابهه بالغواصة بأن جهازي المحمول مراقب عام 2008 وأكد ذلك لأنني لي أهل يتصلون بي من أنحاء عديدة من البلاد. في أول الأمر لم تكن الرقابة صريحة ولكن بعد ذلك كانت مكشوفة وكان يمكنني أن أسمع صوتي يتردد كما لو كان علي سماعة خارجية أو أسمع عندما يفتح خط آخر يشترك مع خط هاتفي.

الخدمة. وأصبحت الشركات العاملة في مجال الإتصالات والهواتف النقالة تسجل المكالمات بين المستفيدين من الخدمة. وتضرر من هذا الإجراء الصحفيون الذين كانوا يتعرضون لكشف مصادرهم والتجسس على مكالماتهم. ولم يتوقف الأمر عند ذلك فقد كانت مصادرة الأعمال الأدبية عملا روتينيا يمكن أن يبني علي إشاعات وحتي بدون قراءة المادة المصادرة. في أواخر شهر ديسمبر من العام 2008م، صادرت إدارة المصنفات الأدبية والفنية وهي هيئة حكومية رواية أماديرا للكاتبة أميمة عبدالله. وقد ألقت هذه الحادثة بظلالها السالبة علي حرية التعبير عن طريق الآداب والفنون. ولفتت الإنتباه لأهمية مراجعة قانون المجلس الإتحادي للمصنفات الأدبية والفنية. وهذه الانتهاكات لحرية التعبير في السودان تمتد إلي الإذاعة والتلفزيون. تمتلك الدولة الهيئة القومية للإذاعة والتلفزيون وتوجه العاملين فيها بالإلتزام التام بتوجهات الدولة. وبما أنهما تدفعان للعاملين فيها من أموال الدولة ودافعي الضرائب فيجب أن تكونا أجهزة خدمة عامة يستفيد منها الجمهور،إلاّ أن الواقع يعكس خلاف ذلك، حيث تعمل الإذاعة والتلفزيون فقط علي التبشير ببرنامج الحزب الحاكم. والإذاعات الخاصة لا تفتح أبوابها للجميع بتوجيه من النظام. وقد رفضت الحكومة لإذاعة مرايا إف إم التابعة للامم المتحدة ببث برامجها في الشمال وظلت محصورة فقط في جنوب السودان. كل هذا أتي تحت اطار الخطوط الحمراء التي ترسمها أجهزة الأمن للرقابة والتأمين. وطيلة سنوات الرقابة أعتبرت الموضوعات التي تناولت قضايا دارفور والسدود والعنف الطلابي والمهجرين والنفايا الملوثة وخصخصة مشروع الجزيرة والفساد وتدني الخدمات وقانون الصحافة والمطبوعات وحقوق الإنسان والصحة وعنف الشرطة في فض التظاهرات والتعليم والمناهج والكتب المدرسية والنازحين واللاجئين والمحكمة الجنائية الدولية وأوضاع السجون وتجاوزات جهاز الأمن والمخابرات. والرقابة

هي من الموضوعات التي يُمنع الخوض فيها وتناولها. وكذلك يمنع الأمن الكتابات التي تنتقد الحكومة أو تلك التي تطالب بتحسين أوضاع الحريات.

كانت إنتهاكات حرية التعبير دائمة في السودان ولكنها لم تكن خفية علي المجتمع الدولي وكانت هناك إدانات دولية واسعة. ورغم أن أحد أدواتها وهو الرقابة تستخدم بصورة واسعة إلا أنها عديمة الجدوى لأنها عاجزة أمام الواقع. إرسال قوات الأمن إلى المطابع والمؤسسات الإعلامية والاستخدام الشره لمقص الرقابة لا يدفن الأخبار التي يرغب في إخفائها ولا يمكن تصحيح الأخطاء بحجبها ولا تسوية المشاكل بمحاولة طمسها. ومراقبة الصحافيين وتهديد رؤساء التحرير وتعليق الصحف هي ليست إلا تدابير تبرز إلي الملأ الوجه البشع للنظام ونقاط ضعفه.

جاء النداء عاليا لانتهاكات حرية التعبير والصحافة من منظمة مراسلون بلا حدود ونصت علي إرفعوا الرقابة رأفة بالسودان. وقال جان فرانسوا جوليار وليونار فينسان، الأمين العام والمسئول الإعلامي في مراسلون بلا حدود في رسالة للنظام السوداني، في رحلتنا إلى الخرطوم والفاشر في مارس 2007، لاحظنا بإعجاب حيوية الصحافة في الخرطوم والآمال التي بعثها اتفاق السلام في العام 2005. وقد حرصنا في التقرير الذي أعددناه حول الناشطين المنسيين في الأزمة على التشديد على مدى نشاط وتنوّع المجتمع المدني والمؤسسات الإعلامية السودانية وتسليط الضوء على فضيحة صمت الإعلام الغربي عن هذا الواقع المهم في سودان اليوم.

السعي العبثي وراء الحقيقة الذي بات الخبز اليومي للمؤسسات الإعلامية في الخرطوم انطلق في السادس من فبراير 2008إثر الإقدام سراً على إعادة فرض وسيلة بالية رحّب الجميع بإسقاطها في العام 2005. فمنذ العاشر من

فبراير 2008، باشرت قوات جهاز الأمن أداء وظيفة القمع لاغية مقالة نشرت في الصحافة. وفي الأيام التالية، عمدت إلى حظر صدور صحيفة رأي الشعب، وإخضاع رئيسي تحرير الأحداث والوطن لاستجواب مطوّل وإجبار المسؤولين في كل من الميدان والسوداني والوفاق والرأي العام على إلغاء المقالات ليلاً ولم تتوقف تلك الأحداث منذ ذلك الحين. وفي الرابع من نوفمبر، قررت أسر تحرير أجراس الحرية والميدان ورأي الشعب التعبئة طمعاً في حكمة مسؤولي البلاد. وناشدت مراسلون بلا حدود السلطات السودانية برفع هذه التدابير العبثية والمخالفة للدستور التي تجنّد الموظفين سدى وتعاقب المواطنين المثقفين والمسؤولين سواء كانوا صحافيين أم قراء. والرقابة تخدم من يمو على الشائعات والآمال المزيّفة بالحرية أكثر مما تخدم السودانيين الفخورين بالانتقاد والتعرّض للانتقاد والقادرين على مواجهة الواقع بوعي وإدراك. أن الأوان لإقصاء الرقابة العديمة الجدوى.

كانت هذه رسالة مراسلون بلا حدود للحكومة السودانية. ونادت منظمات دولية داعية وداعمة لحرية التعبير وحقوق الانسان برفع الرقابة الأمنية السابقة للنشر عن الصحف السودانية. وقد وثقت منظمة هيومن رايتس ووتش الرقابة الأمنية بصورة ممتازة في تقريرها المعنون، معركة كل يوم، الرقابة والمضايقات بحق الصحفيين والمدافعين عن حقوق الإنسان في السودان والذي نشرته في مطلع العام 2009. وساهمت بصورة رئيسية من خلاله بالضغط علي الحكومة السودانية برفع الرقابة والتدابير الأمنية السابقة للنشر من الصحف السودانية.

ورغم أن السودان مُلزم باحترام الحق في حرية التعبير وضمانه لكافة المواطنين بموجب القانون الدولي وبموجب الدستور الانتقالي إلا أن القوانين المحلية لا

تتفق مع هذه الالتزامات. واستمر النظام في استخدام قوانين تفرض الرقابة وغيرها من أشكال القمع على حرية التعبير والإعلام. والسودان دولة طرف في العهد الدولي الخاص بالحقوق المدنية والسياسية، وبموجب المادة 19 من العهد فهناك التزامات قانونية على الدول تتلخص في صيانة حرية التعبير والمعلومات منها لكل إنسان حق في حرية التعبير. ويشمل هذا الحق حريته في التماس مختلف ضروب المعلومات والأفكار وتلقيها ونقلها إلى آخرين دونما اعتبار للحدود، سواء على شكل مكتوب أو مطبوع أو في قالب فني أو بأية وسيلة أخرى يختارها. ويسمح الميثاق الدولي للحكومات بفرض قيود معينة على حرية التعبير، إذا كانت هذه القيود بموجب القانون وضرورية مع احترام حقوق الآخرين أو سمعتهم وحماية الأمن القومي أو النظام العام أو الصحة العامة أو الآداب العامة. إلا أنه بموجب مبادئ جوهانسبرج يصبح القيد مشروعا ً وفي صالح الأمن القومي. ذلك في حالة:

1. أن يكون الغرض منه حماية الدولة ووحدة أراضيها ضد استخدام القوة أو تهديدها،
2. تمكين الدولة من الرد على مثل هذا التهديد باستخدام القوة، سواء من مصدر خارجي، كتهديد عسكري أو مصدر داخلي كتحريض على العنف لقلب نظام الحكم.

علي أنالقيد الواجب المُبرر بناء على جدلية الأمن القومي لا يصبح مشروعا ً إذا كان غرضه الأساسي هو حماية مصالح لا علاقة لها به. مثل حماية الحكومة من الإحراج أو فضح الأخطاء. والاجراءات التي تتخذها السلطات السودانية لا سيما جهاز الأمن الوطني لا تستقيم مع المحاذير على القيود الواردة في القانون الدولي لحقوق الإنسان. ولكن السودان دولة طرف في الميثاق

الأفريقي لحقوق الإنسان والشعوب، وورد في المادة 9 منه أنه من حق كل فرد أن يحصل على المعلومات وأنه يحق لكل إنسان أن يعبر عن أفكاره وينشرها في إطار القوانين واللوائح.

في أكتوبر 2002 تبنت اللجنة الأفريقية لحقوق الإنسان والشعوب إعلان مبادئ حرية التعبير في أفريقيا. ووردت فيه التزامات على الدول الأطراف بالميثاق الأفريقي لحقوق الإنسان والشعوب فيما يتعلق بحرية التعبير، ومنها ضرورة عدم احتكار الدولة لنظام البث التلفزيوني والإذاعي. كما ورد في الدستور الانتقالي لعام 2005 التزامات دولية تحمي حرية التعبير ووردت في العهد الدولي الخاص بالحقوق المدنية والسياسية وفي الميثاق الأفريقي لحقوق الإنسان والشعوب. والمادة 39 من الدستور الانتقالي أكدت على أن لكل مواطن حق لا يُقيد في حرية التعبير وتلقي ونشر المعلومات والمطبوعات والوصول إلى الصحافة دون مساس بالنظام والسلأمة والأخلاق العامة وذلك وفقاً لما يحدده القانون. وأن تكفل الدولة حرية الصحافة ووسائل الإعلام الأخرى وفقاً لما ينظمه القانون في مجتمع ديمقراطي. ولابد أن تلتزم كافة وسائل الإعلام بأخلاق المهنة وبعدم إثارة الكراهية الدينية أو العرقية أو العنصرية أو الثقافية أو الدعوة للعنف أو الحرب.

يحتوي الهيكل القانوني السوداني الحالي علي بعض القوانين التي تسمح بأعمال لا تستقيم والتزامات السودان بموجب القانون الدولي فيما يتعلق بحرية التعبير. ويستخدم المسئولون هذه القوانين للسيطرة على أنشطة الصحفيين والرقابة على الإعلام المطبوع. علي سبيل المثال، فإن القانون الجنائي السوداني لعام 1991 يُجرم بعض أنشطة الصحفيين، ومنها نشر الأخبار كاذبة وإشانة السمعة.وهاتين تهمتين تُستخدمان بكثرة من قبل النظام لاتهام الصحفيين

والمحررين الذين يتهموا بنشر معلومات تُرى على أنها تنتقد السلطات. في نوفمبر 2007، تم الحُكم على كل من محجوب عروة رئيس تحرير صحيفة السوداني ونائبه نور الدين مدني، بالحبس شهرين بعد رفض دفع غرأمة 10 آلاف جنيه سوداني لكل منهما أي 5,000 دولار أميركي بتهمة إشانة السمعة. ووجه جهاز الأمن الوطني الاتهامات بعد أن نشرت الصحيفة مقالاً ينتقد قوات الأمن على اعتقالها أربعة صحفيين كانوا يحاولون تغطية موضوع عن مقتل متظاهرين في موقع سد كجبار في الولاية الشمالية. في تلك المظاهرة فتحت الشرطة النار على المتظاهرين. وهناك أحكام قانونية أخرى لا علاقة مباشرة لها بالإعلام، لكن يتم استخدامها لعرقلة الكتابة المستقلة عبر التهديد بتبعات قانونية جسيمة وعقوبات مالية. ولا يمنح القانون الجنائي سلطات مباشرة لجهاز الأمن الوطني فيما يتعلق بالإعلام. وقانون قوات الأمن الوطني لعام 1999 يمنح الجهاز سلطات موسعة في مجالات الرقابة والتقصي والتفتيش واحتجاز الأشخاص ومصادرة الممتلكات واستدعاء الأشخاص واستجوابهم ومطالبتهم بالمعلومات والبيانات والوثائق أثناء أداء الجهاز لعمله. ومهام جهاز الأمن فضفاضة التعريف لكنها تشمل الحفاظ على الأمن الوطني في السودان وأي مهام أخرى يكلفه بها رئيس مجلس الأمن الوطني. ويسمح قانون قوات الأمن الوطني لجهاز الأمن الوطني بإجراء الاعتقالات التعسفية والتحفظ على الأفراد في الحبس الانفرادي بمعزل عن العالم الخارجي وتمديد الاحتجاز دون مراجعة قضائية وتنفيذ عمليات تفتيش تعسفية. هذا بالإضافة إلى أن القانون يمنح جهاز الأمن الوطني الحصانة من المقاضاة بموجب المادة 33 ب. ولا يجوز اتخاذ أي إجراءات مدنية أو جنائية ضد أعضاء الجهاز في أي فعل متصل بعمله الرسمي إلا بموافقة المدير. ويجب على المدير إعطاء هذه الموافقة متى ما اتضح أن موضوع المساءلة غير متصل بذلك.

يفسر مراقبون قانون قوات الأمن الوطني بصفته يهيئ للرقابة على الإعلام عبر جملة من الإجراءات منها الرقابة قبل النشر المباشرة وتجميد أو حتى إغلاق الصحف جراء نشر معلومات تُرى على أنها حساسة أو تنتقد الحكومة، وتهديد الصحفيين والمحررين بالاعتقال والاحتجاز. كما تسمح القوانين السودانية للحكومة بالرقابة المباشرة وغير المباشرة على الإعلام. وقانون الصحافة والمطبوعات لعام 2004 يهيئ الاختصاص والسلطات للمجلس القومي للصحافة، وهو الجهة المسؤولة عن منح التراخيص للمؤسسات الصحفية المحلية والأجنبية، وتسجيل الصحفيين، والنظر في الشكاوى. يتم هذا عبر التحذيرات وفرض العقوبات والتأديب. والمادة 25 من القانون لترخيص الصحف والدوريات والمطبوعات الإعلامية تطالب جميع الصحف والمطبوعات بتجديد رخصتها سنويًا وكافة الصحفيين بالتسجيل لدى المجلس لكي يزأولوا مهنة الصحافة. إلا أن المجلس ليس هيئة مستقلة، وتشرف عليه وزارة المعلومات والاتصالات ويحق للبرلمان التدخل فيه. وجاء قانون 2009 مشابه تماماً لقانون 2004. هذه القوانين تسمح للأمن الوطني وتُستخدم من قبله من أجل تبرير أي مسلك يخالف منهج العهد الدولي الخاص بالحقوق المدنية والسياسية ومبادئ جوهانسبرج والميثاق الأفريقي لحقوق الإنسان والشعوب. ولوضع حدا للممارسات الرقابة على الصحف والمضايقات والإساءات بحق الصحفيين ونشطاء حقوق الإنسان يلزم الحكومة السودانية أن تصلح القوانين بحيث تصبح متفقة مع التزامات السودان بموجب القانون الدولي ومبادئ حرية التعبير المذكورة في الدستور الانتقالي.

تطورت إستراتيجيات جهاز الأمن من الرقابة والمصادرة للصحف التي تنشر ما لا يرضيهم إلي نمط آخر. اشترت شركة تتبع لجهاز الامن والمخابرات أسهم جميع ملاك صحيفة الصحافة بما فيها أسهم الحاج صديق ودعة وأسهم طه علي

البشير وانيس حجار وغيرهم من المؤسسين وحملة الأسهم. في مطلع العام 2013 أصبحت صحيفة الصحافة في قبضة الشركة الامنية بحيث تنضم إلي مثيلاتها من الصحف التي اشتراها الجهاز بغرض تدجينها والقضاء علي الصحفيين والكتاب المناوئين وحشد أكبر بوق من الابواق الصحفية لصالح مشروعات وسياسات وتوجهات النظام. وشهد آخر اجتماع لمجلس ادارة الصحيفة المتردية نقاشات عاصفة تقدم خلالها العضو محمد عيسي عليو باستقالته مكتوبة ومسببة وتبعه اثناء الجلسة مقدماً استقالته الشفهية رئيس مجلس الادارة مولانا دفع الله الحاج يوسف. ثم تتابع تقديم الاستقالات ليخرج المجتمعون في نهاية الاجتماع بانطباع واحد تمثل في التأكيد علي إنهيار مؤسسة صحافية ظلت تقدم خدماتها الوطنية للشعب السوداني عقوداً من الزمان وكانت صحيفة الصحافة تعيش اوضاعاً مأساوية في نهاية الهام 2012 حيث قام جهاز الامن والمخابرات بإيقاف رئيس تحريرها النور أحمد النور من ممارسة عمله الصحفي ورفض التراجع عن قراره رغم مناشدة مجلس الادارة بتوضيح ملابسات الايقاف دون جدوي. وترتب علي ذلك تعثر دولاب العمل الصحافي الاحترافي بالصحيفة وتعرضت مبيعاتها للركود والتناقص ولولا مساهمات بعض الصحفيين والكتاب للحقت بصحف النظام الانهيار الكامل. أقر العضو المستقيل محمد عيسي عليو أنه غادر مجلس الادارة رغم طلب صديق ودعة له بسحب استقالته وكانت أسباب استقالته كالآتي:

1. الديون والبلاغات في محاضر وكالات النيابة والتي اثقلت كاهل الصحيفة.

2. الحالة المزرية للصحفيين والكتاب حيث ظلوا يعانون مالياً ولمدة سنوات دون ان يطرأ اي تحسن.

3. الفشل من قبل مجلس الادارة في معالجة حالة رئيس التحرير النور احمد النور الامر الذي يشير إلي وجود جهة ضاغطة علي مجلس الادارة وهو وضع مخل وغير طبيعي ولا قانوني.

4. تحريف افادات أعضاء مجلس الادارة من قبل ضابط المحضر بحيث تبدو في الجلسة القادمة محرفة ومختزلة ولا تعبر عن الرؤية التي قيلت وهي مسألة تبني عليها قرارات خاطئة ومعكوسة.

5. تعذر الوصول إلي أكبر صاحب أسهم وهو صديق ادم عبدالله لتبليغه بالمشكلات العويصة والعاجلة التي تعيشها الصحيفة.

كان السودان منذ مطلع العام 2013 يعيش في حالة خوف وفوضي، وكان من الواضح أن السلطة كلها تركزت في يد جهاز الأمن والاستخبارات الوطني. والأخير أناط بيد ثقيلة علي أي نوع من الحريات المدنية التي يمكن أن يطالب بها السوداني البسيط. علي أن التساؤل الذي يطرأ بالأذهان هو أنه رغم أن السودان كان يعاني من أزمة اقتصادية خانقة وتدعي السلطات بأنها تطبيق سياسات للتقشف. ورغم ذلك فقد ظلت مخصصات الأمن تفوق 72% من إجمالي موارد الحكومة. هذا الرقم في التقدير أقل من الواقع وربما يمكن رفعه إلي ما يقارب 90%. ورغم ذلك فقد انحصرت هيبة وسلطة الحكومة كما نقل لي شخصياً أحد أعضاء جهاز الأمن في شهر يونيو 2012، بين مدينتي سوبا جنوبًا والجيلي شمالًا. أي انحصرت في ولاية الخرطوم وربما لم تكن تشملها كلها. هذه الحدود تتفق مع ما سبق أن أعلنته السلطات في مطلع شهر يونيو من أنها حصنت ولاية الخرطوم من احتمالا غزو من المعارضة وعلي وجه التحديد الجبهة الثورية. وبذلك تتفق هذه الرواية مع نظرية ترددت في شوارع

الخرطوم قبل سنوات من أن النظام لا يمانع في أن يحكم بأي صورة ولو انحصرت حدوده داخل جزيرة توتي داخل النيل الأزرق.

5. مياه النيل وجزيرة مقرسم

The Nile Water and the Island of Magarsam

إذا كان يمكن أن تكون هناك تنمية في السودان فلابد من أن نعترف بوجود شعوب تعيش داخل حدوده الجغرافية. ما يجمعها هو اعترافها بوجود بلاد اسمها السودان وأنها جزء منه ولكن لها خصوصيتها وثقافاتها وحضاراتها وعاداتها الغذائية وأعرافها.هذا أيضاً يتطلب أن تكون جزء من إدارة الدولة، لها حقوق وعليها واجبات.الاعتراف بهذا يقوي اللُحمة بين أقاليم البلاد ويشكل الأمة التي يجب أن تسعي إلي تحقيقها أي سلطة تدعي نفسها حكومة. وهذا لابد أن يكون جزء من العقد الاجتماعي الذي يجعل المرء ينخرط في تكوين الدولة والشعوب المكونة لها في تشكيلها. للأسف أن هذا شيئا مفقوداً في بلادنا منذ الاستقلال.

إقليم البحر الأحمر شرق البلاد يتشكل من شعوب البجة المكونة له بقبائلها وثقافاتها وهي بحق أصيلة وفريدة. وهي قديمة قدم الأزل وكانت تتشكل من ممالك ولها اتصال بالعالم عبر موانئها القديمة. وفي التاريخ يسجل أنه كان لها تجارة واسعة اتصلت مع دول عديدة حتي الصين وكانت تصدر عبره حيوانات غابات قلب أفريقيا وأشهرها الزراف الذي لم تعرفه آسيا إلا بصادرات موانئ البجة.كان أهل البجة قوم محاربون شرسين يهابهم الغزاة الأوروبيين وكتبوا الكثير عنهم. من أشهر من كتب عنهم روديارد كبلنج الشعار البريطاني وسماهم الفازي ووزي Fuzzy Wuzzy. قاتلوا قوات الغزو البريطانية وهزموهم في

معارك عديدة وكانوا أول من يكسر المربع الانجليزي ويلحقوا بجنوده المسلحين بمدافع الجاتلنج سريعة الطلقات والحديثة آنذاك، قتلاً وهزيمة. ومازالت قصائد كبلنج تنشر وجمعيات الفازي ووزي تنتشر في العالم. حتي قائدهم عثمان دقنة البجاوي الأصيل والصوفي المجذوباوي كانت شجاعته وقدراته وذكائه دافعا لأن ينسبونه إلي أصل أوروبي.

علي أنه منذ الاستقلال كان إقليم البحر الأحمر هامشياً بالنسبة للنخبة الحاكمة في الخرطوم ومهمشاً في نيل حظ من التنمية. ضعف خدمات التعليم والصحة أثر سلباً في حظوظ مواطنيه من التقدم الاقتصادي والاجتماعي. حتي شارع الخرطوم-بورتسودان الذي شيد في عهد جعفر نميري كان بتحفيز من البنك الدولي لزيادة حركة الصادرات عبر ميناء بورتسودان. وزاد من هذا التهميش موقف حكومة الإنقاذ في نظرة عصبتها الدونية للإقليم وتصاعد تدني الخدمات بصورة سالبة.

المشكلة الأكبر الموجودة في الإقليم هي توافر المياه وحلها بسيط رغم مضي مضي ستون سنة من الاستقلال. وكانت بصورة أساسية من نهر عطبرة ولكنها لم تنفذ. ومضت السنين والعطش كما هو رغم الوعود الكثيرة. هذا لأن النخب المتسلطة تفترض في الناس الغباء وضعف الذاكرة ولا زالت الإنقاذ تستعبط الشعب السوداني وتستهبله وتسيء إلي عقله ولكن الانسان كائن يفكر ويفهم الحديث ويهضمه لا بد من الرجوع إلي ذاكرته. ويستعمل الانسان العادي المنطق وقواعده للتعامل مع محيطه. الانسان ككائن بيولجي تأهل تدريجيا لامتلاك الوعي بنفسه وبالعالم من حوله وكان هذا الوعي هو الدافع لتأكيد تميزه عن الحيوانات الاخري والمشروعية هي التبرير العقلي للفعل.

الأمر المميز في شمولية الإنقاذ هو أن صراع أقطاب السلطة لم يكن لنيل المزيد من السطوة التنفيذية ولكنه كان دائماً لنيل المزيد من الثروة. وزير السدود أسامة عبد الله أنهي أحلام والي البحر الأحمر ايلا وولاية البحر الاحمر في شرب مياه النيل حين قطع بإنهاء مشروع وافق عليه رئيسه عمر البشير. لم تكن بسبب صعوبة تنفيذ مشروع مد خطوط مياه من النيل لمدينة بورتسودان وإنما كانت مساومة لادخال شركاء جدد في مشروع جزيرة مقرسم. ظلت الحكومة المركزية تماطل منذ العام 2005 في تمويل مشروع امداد البحر الاحمر من مياه النيل. كانت المماطلة بطريقة حضارية لا يفهم منها الممانعة المطلقة. ولكن الجديد هو أن تمانع الحكومة صراحة علي لسان وزير السدود أسامة عبدالله الذي ربط مشروع امداد البحر الاحمر بالمياه من مشروع خزان ستيت الذي سيكتمل في العام 2018. لا يمكن إغفال لماذا جاءت تصريحات وزير السدود مباشرة عقب أحداث جزيرة مقرسم التي تقع في البحر الاحمر وشغلت بال الجميع أن السبب الأساسي في تصريحات وزير السدود واضح. وقد جاء كرد فعل من الموقف الذي اتخذه إيلا وحكومته في مواجهة المتنفذين من عصبة الإنقاذيين الذين باعوا جزيرة مقرسم بمبلغ يصل إلي 10 مليار دولار دون ان تنال منها حكومة البحر الاحمر شيئاً. أغضب هذا الأمر الوالي إيلا وحكومته بإعتبار أن الجزيرة تقع داخل ولايته. وكان إيلا قد شهد برفقة البشير افتتاح مشروع قلب العالم في جزيرة مقرسم وبالرغم من ان العقودات لم تكن واضحة وتثير الشكوك إلا أنه تظاهر بأن الأمور تمضي علي ما يرام وشرع بعد ذلك في رسم خطته التي تعتمد علي تعبئة القبائل التي تدعي أحقيتها بملكية الجزيرة حتي تعيق قيام المشروع الكبير. بالفعل ما أن جاءت الشركة المنفذة لمباشرة أعمالها هجم عليها أهالي المنطقة واندلعت أزمة كبيرة بإعتبار أنهم يطالبون بالتعويض. العقد لم يناقش هذه المسألة بوضوح مما

دفع بحكومة الخرطوم أن تجلب القوات الخاصة من الخرطوم لحماية الشركة المنفذة. وهنا وجد ايلا ضالته بحسب الخطة التي رسمها وتدخلت حكومة البحر الاحمر ممثلة في المجلس التشريعي بأن توقف العمل في المشروع الكبير بجزيرة مقرسم حتي تستبين الامور بجلاء ويأخذ كل فرد من العصبة حقه. ظن الوالي ايلا أن الحظ قد ابتسم له وأن السيناريو الذي وضعه يسير كما يشتهي ويحب. ولكن هذه الأحداث أغضبت أعضاء النخبة وهم الأولياء والقابضين علي مواقع القرار في النظام وأثارت حنقهم. فشرعوا في رسم خطة محكمة نفذها اسأمة عبدالله وزير السدود عبر تصريحاته التي أثارت ردود أفعال واسعة. أسأمة عبدالله لم يكن إلا مجرد ممثل أدي دوره بنجاح. أربكت هذه الخطوة المفاجئة والي البحر الاحمر بأعتبار أنه يعول علي مشروع الامداد من مياه النيل وضمه لانجازاته بأعتبار ان هذا المشروع سيضع ايلا في سجل الخالدين لاهل الشرق. ثم أن هذا المشروع سيجعله يضع قدمه بأمان في جولة الانتخابات القادمة هذا غير أن ايلا يعشق الأضواء ويحب أن ينسب كل الانجازات لشخصه حتي أنه يريد ان ينافس الامير عثمان دقنة علي زعامة الشرق. أفقدت هذه الخطوة إيلا صوابه وأدخل المواطنين في معركة ليسوا هم طرفا فيها وزج بهم في ميدان المعركة. تم قفل خطوط المياه في خور أربعات التي توصل المياه إلي المدينة. ووصلت أزمة المياة في بورسودان إلي نحو لم تشهده من قبل وأغلقت المدارس قبل مواعيدها. أعطي الوالي المواطنين الضوء الاخضر بأن يتظاهروا وبالتالي اقحام المواطن الغلبان وتقديمه كبش فداء مما يعني فعلا ان ايلا قد فقد صوابه لان ضياع مشروع المياه يعني ان كل احلامه وانجازاته ستذهب أدراج الرياح.

بعد أن تلقي ايلا الدرس ووعاه تماماً استدعاه المركز ممثلاً في النائب الأول للخرطوم وهناك تم الاتفاق بهدوء علي تمويل مياه النيل مقابل جزيرة مقرسم

علي أن تكف الولاية يدها عن الجزيرة. لم يكن أمام ايلا إلا أن يوافق علي هذه الصفقة التي انعشت آماله من جديد. هذا باعتبار أنه حلاً سيرضي طموحه وسيحقق له اهدافه. بعدها راجت الأخبار في الأجهزة الاعلامية بأن الحكومة المركزية قد وافقت علي تمويل مشروع امداد البحر الاحمر من مياه النيل مع أن الحكومة المركزية لم تأتي بجديد لأنها أصلا وافقت علي هذا المشروع منذ العام 2005 واجازته. راجت الأفراح في ولاية البحر الاحمر التي حشدت في يوم الخميس 2013/8/6 الحشود الكبيرة واستقبلت ايلا استقبال الفاتحين بالدفوف والطبول. الحقيقة أنها جماهير مقهورة تم تغييبها بآلية التغييب عما يدور خلف الكواليس وتعلم بما دار بين أعضاء العصابة.هذا تماماً ماكان يجري للشباب والمساكين عند جهادهم في غابات الجنوب. أما شيوخهم فقد كانوا يسكنون القصور الفارهة ويركبون السيارات المكيفة ويرتقون المناصب ويتلقون المخصصات والمال والجاه والنفوذ وفي عقيدتهم أنها جنة في الأرض وجنان في السماء. من هنا تفتقت طبيعة الصراع عن مجموعة من الحيل الأيدولوجية التي تصب جميعها في مجري التواطؤ مع المركز وهو ما يمكن تسميته بتواطؤ أيديولجي كنمط سلوكي. أصبح ذلك ما تبنته عصبة النظام بعد أن مكنتهم السلطة من امتلاك الوعي النظري بأشكالية الصراع مع ضرورة التغيير التي تحميها الأيدولوجيا الرسمية التي يتبناها أولياء النظام. شكل ذلك عمق واطار مرجعي أفرز أضرار مجتمعية ونفسية للانسان السوداني ودونية لعصبة النظام.

الواقع أنهم يخدمون أيدولوجيا الهيمنة والقهر ويوفرون لها جهازا احتياطيا لتنفيذ مشروعاتها. علي أن التحدي الحقيقي ليس في اسقاط النظام بقدر ماهو تفكيك التمركز والتهميش فبغير ذلك ستظل الحلقة مستمرة في دورانها وبالتالي سيفضي بنا الامر إلي لأسوء مما سبق ولا يمكن ان تكتمل تفكيك آليات

التمركز والتهميش حتي في حالة تفكيك هذا النظام الفاشي إلا اذا ما تم ربط الجانب التنموي مع الجانب الثقافي دون فصل بينهما. يستدعي ذلك النظر إلي المواطن التاريخية للمجموعات المهمشة بوصفها أقاليم ذات خصوصية اثنية وثقافية وبالتالي تنموية وسياسية. يتبع ذلك التقييم العادل للسلطة والثروة مع تبني سياسات التميز الايجابي. المجموعات التي تعاني من التهميش المزدوج ضمن واقع الاعتراف بحقها في ان تكون لكل واحدة منها حكومة اقليمية ببرلمان اقليمي وتتمتع بحقها في ارساء الاتفاقيات مع الجهات الخارجية بما لا يتعارض مع السيادة القومية وذلك بقية توفير التمويل اللازم لمشروعات التنمية. هذا هو حال ولاية البحر الاحمر حيث صراع الكائنات البشرية وأرصفة السواحل ومعاناة عمال المواني وسط مخملية السواحل يعزفون لحن الحياة. وسواكن تشكو من توقف الدمع علي المآقي. ومشاريع أحلام تطل وأبراج أوهام تشيد والرعية منقسمون بين الوالي وضده فهناك من يصف أبراجه وأرصفته بالاعجاز والانجاز وهناك من يراها لا تعدو سوي أوهام يضربها موج العطش وجيوش من العطالة وغربان تنعق وقطط بلا مواء.

6. غي الضلال

(وَيَحْلِفُونَ بِاللَّهِ إِنَّهُمْ لَمِنْكُمْ وَمَا هُمْ مِنْكُمْ وَلَكِنَّهُمْ قَوْمٌ يَفْرَقُونَ) صدق الله العظيم.

حكمت السودان من قبل نظم دكتاتورية باطشة، وغاشمة. وكان بها ما بها من فساد، وطغيان، وإهدار لحقوق المواطنين. ولكن لم يحدث ان كانت حكومة بهذا المستوى من الاستهتار بالدين وبالقيم وبأرواح المواطنين وبمقدرات الشعب. فحين كان المواطنون يعانون ويلات كوارث الأمطار، في الخريف الماضي، والبيوت منهارة، وكثير من الناس ينامون في العراء، يتغطون

بالسماء، ويفترشون الماء. وعدد منهم زهقت أرواحهم تحت الانقاض، وأهلهم يبحثون عنهمويننتشلون جثثاً جديدة في كل يوم جديد. البلد في حالة استنفار تطلب الغوث الأجنبي، ترك الرئيس شعبه في هذا الحال، وسافر إلى ايران ليحضر احتفالات تنصيب رئيسها الجديد. أما المسؤولون الآخرون، فقد ساروا على نهج الرئيس في الاستهتار وعدم تقدير المسؤولية. ففي نفس تلك الأيام، والبلاد تعاني ويلات الأمطار والسيول، والموتى يخرجون من المياه ومن أنقاض المنازل، أقامت ولاية الخرطوم بقيادة المعتمد حفل عشاء فاخر على أنغام فرقة البايمو في مطعم الساحة اللبناني. وحين سئل المعتمد في لقاء بقناة النيل الأزرق بواسطة الطاهر التوم عن هذا العمل في هذا الوقت، حاول هو والوالي تبرير هذا السلوك المشين، الذي لا ينم عن أدنى تعاطف مع المواطنين بأن الموضوع كان معد سلفاً وأن العشاء كان اجتماع عمل يبحث في كيفية حل مشكلة الأمطار. وادعوا أن المطعم اللبناني هو الذي دفع، وليس الولاية. كانت كلها تبريرات واهية، إذ لماذا تتبرع المطاعم الكبيرة للمعتمد وزملاؤه ولا تتبرع بالأكل للمتضررين من الامطار، ممن فقدوا بيوتهم. أليست هذه رشوة مبطنة، شارك فيها المسؤولون، دون مراعاة للظروف والمعاناة التي كان يواجهها شعبهم.

في هبة سبتمبر 2013 قتلت حكومة الانقاذ أكثر من 200 شهيد، وأعتقلت أكثر من 2000 مواطن، من بينهم نساء، وقامت ومازالت تقوم بتعذيبهم في بيوت الأشباح. استقبلت العاصمة العيد الكبير بحزن أكبر، لأن في كل ناحية من أنحائها مأتم. وكما جلل السودانيين بالحزن على شهدائهم، جلل أعضاء العصابة بالعار لضربهم العزل من الشباب بالرصاص واعتقال المئات في السجون، وحرمانهم من أهلهم وذويهم في صباح العيد. في هذه الظروف الحزينة، المؤسفة سافر الرئيس لأداء فريضة الحج. فهل يريد من الله أن يقبل

حجه ويغفر ذنبه. قال الرئيس في إفطار التيجاني السيسي أن يديه ملطخة بدماء المسلمين من أهالي دارفور. مثل هذه الأيدي الآثمة إذا رفعت لله بالدعاء، فلن يستجب لها. فهل غسل يديه من دماء أبناء دارفور، بأن قدم المشاركين في سفكها للمحاكمة. ولكن هل تاب توبة نصوحة للحد الذي يمكن ان يجعله يذهب إلى المحكمة الجنائية الدولية بنفسه بدلاً من التهرب منها، ثم يتقبل ما يحدث له حتى يتطهر بالعقوبة ويلقى ربه وقد بُرئت نفسه مما فعلت. ثم لماذا أضاف لدماء أبناء دارفور دماء جديدة لشباب واعد. تم قتل هؤلاء بأمره دون تردد بسبب جهرهم برأيهم في مظاهرات 23 سبتمبر 2013. لماذا أضاف إلى أثقال ذنوبه التعذيب والضرب والتحرش بالنساء السودانيات.

التبرير الوحيد الممكن هو أن الأمة السودانية كان علي رأسها وحش بلا حس إنساني أو شخصية دموية Genocidal Maniac لم تكن للتأثر بأي دماء تهدر.لم تكن مصالح الأمة علي خاطره ولم تكن حياتها أو فنائها أمراً يشغل باله علي الاطلاق. لم يستحي عمر من تهديم بيوت الشرفاء، وقتل أبنائهم وانتهاك حقوقهم واعراضهم، ثم السعي إلى ربهم في بيته ليكذب عليه كما كذب على وسائل الاعلام وادعى أنهم مخربين. لم يكن في مقدوره رغم كذبه المطلق أن يقول بأنه لم يأمر بضرب المتظاهرين وإن فعل ذلك رجال أمنه وشرطته. أصدر محمد المختار حسن حسين ضابط جهاز الأمن ووزير الدولة بمجلس الوزراء أمراً بإستدعاء عدد من مصوري التلفزيون القومي والتلفزيونات الرسمية الأخرى للتثبت من أن حديث عمر البشير في جلسة مجلس الوزراء 3 اكتوبر لم يتم تسريب أشرطته. وفى إجتماع 29 سبتمبر 2013 الذي كرس لمناقشة تقريري وزير الداخلية ووالي الخرطوم عن الإحتجاجات، إنفجر عمر البشير منفعلاً وأمر بضرورة التعامل بحسم مع المتظاهرين حتى لو أدى ذلك إلى **قتل ثلث الشعب السوداني** لينعم الثلثين بالأمن. كم مرة، حج عمر

وحاشيته، وهم يصرفون علي ذلك من خزينة الدولة. كتب عبد الرحمن الأمين: العنوان الأعرض للعلاقات الثنائية بين السودان والمملكة تتصدر بنوده أسفار رئيسنا ومحارمه للعمرة والحج. وسجل أن عمر البشير كان عدد زياراته للمملكة معتمراً أوحاجاً ما بين 2001-2009م 37 مرة. النبي ﷺ وهو قدوة المسلمين وأسوة المؤمنين، لم يحج إلا مرة واحدة، واعتمر أربعة مرات حين كان الحج والعمرة يتمان سيراً على الأقدام وبركوب الدواب ولا يكلفان مالاً. ولا يمكن أن نستنتج أن زيارات عمر للأراضي المقدسة كانت استغفاراً وتنقية النفس.بل من الأقرب أنها كانت استنجاداً بأعتاب الكعبة له لتعينه علي أعمال قتله للسودانيين. ويبدو أن عمر إتبع الروايات الشائعة عن أن هارون الرشيد عند زيارته لقبر رسول الله ﷺ أراد أحد من حاشيته أن يستسمحه في تقليل بطشه بآل معاوية. فرد هارون الرشيد أنه في سبيل كرسي الحكم يقتل حتي صاحب هذا القبر. ولذلك فمن الاستهتار بالدين أن يصوّر لنا هذا الرئيس القاتل، المطلوب من المحكمة الجنائية الدولية لارتكابه جرائم ضد الإنسانية، والذي قام بالعفو عن من اتهمهم بتدبير انقلاب ضده، ثم أمر بقتل من ساروا في مظاهرات سلمية، بأنه ولي من أولياء الله وله كرامات. في خطبة الجمعة بتاريخ 4/10/ 2013م قال الشيخ عبد الجليل النذير الكاروري، وهو من كبار قادة الأخوان المسلمين: سألني البعض عن سر زيارة القذافي وحسني مبارك للخرطوم معا في يوم واحد، فقلت لم يحدثنا الرئيس البشير عن تفاصيل ما قالاه له من شدة قبح قولهما. ولكني علمت فيما بعد بأنهما نصحاه بالابتعاد عن تطبيق الشريعة الأسلامية إن أراد أن يسلم من الشرور. وكانت زيارتهما هذه عقب خطاب البشير في القضارف والذي قال فيه: بعد اليوم لن ندغمس الشريعة وسنطبّق شرع الله. فانظروا ما حل بهما، القذافي هلك وحسني مبارك لا هو ميت ولا هو حي، فقلت لبعض مشايخ

الصوفية الذين يؤمنون بكرامات أولياء الله الصالحين، أليست هذه كرامة من كرامات البشير ؟حكم البشير أكثر من عشرين سنة بشريعة مدغمسة. ثم جاء بعد كل هذا الزمن في القضارف ليقول أنه سوف لن يستمر في هذه الشريعة المدغمسة وسيطبق شريعة صحيحة فهل يمكن ان نصدقه. وهل يمكن أن يطبق ولي له كرامات شريعة مدغمسة عشرين عاماً. ثم ماذا حدث منذ حديث القضارف وحتى الآن. هل طبق الرئيس الكذاب ما وعد به في القضارف. فما هي ميزته على القذافي ومبارك إن كان لا يطبق ما يعد به، ويقتل شعبه بهذه الصورة البشعة. وكيف يقوم شخص بتشويه الإسلام ثم يذهب إلى الحج. قال خال الرئيس الطيب مصطفى وحليفه أنه شوه الإسلام. فقد قام ومعه أمين بناني، الأخ المسلم المعروف ومعهم مجموعة سميت بتحالف القوى الإسلامية الوطنية، برفع مذكرة لرئيس الجمهورية جاء فيها، قال تعالى: إن الله يأمركم أن تؤدوا الأمانات إلى أهلها وإذا حكمتم بين الناس أن تحكموا بالعدل إن الله نعما يعظكم به إن الله كان سميعاً بصيرا. النساء، الآية 58. العالم يشهد حراكاً نحو الحرية والانعتاق. والثورات تقدم آلاف الشهداء من أجل نيل الأمة لكرامتها، وإخراجها من ربقة الذل والهوان وتخليصها من يأس الإفقار المنظم والتجويع. والسودان شهد سقوط العشرات من أبناء الوطن معبرين عن ضمير الشعب في رفضه للقهر والإذلال مما حدى بقوى التحالف والحادبين التصدى للازمة بإصدار مذكرة كمادرة سياسية وطنية وفقاً للمستجدات التي تطرأ على الساحة السياسية.

بررت الإنقاذ إستيلاءها على السلطة بسبعة مبررات وهي:

1. الحفاظ على هوية الأمة بتطبيق الشريعة فقدمت أسوأ نموذج شوه صورة الإسلام.

2. تحقيق الأمن فأصبحت عصابات الإجرام والقتلة تهدد الآمنين في قلب عاصمة البلاد.

3. تحقيق العدالة الإجتماعية فازدادت هوة التفاوت الطبقي وخلفت إحتقانًا ينذر بخطر ماحق.

4. تحقيق الرفاه الإقتصادي فاتسعت رقعة الفقر وإنهار الجنيه السوداني.

5. الحفاظ على سيادة البلاد فأصبحت أراضي السودان مباحة للجيوش الأممية والإفريقية والطيران الصهيوني يصيب أهدافه في وسط الخرطوم.

6. تحقيق السلم الإجتماعي فسادت النزاعات العرقية والجهوية.

7. الحفاظ على وحدة البلاد فذهب الجنوب وتمزق السودان الشمالي.

ذهبت كل المبررات ولم تبق أي مسوغات أخلاقية لبقاء الإنقاذ. وإذا كان حتى الطيب مصطفى قد رأى تشويه الأخوان المسلمين للإسلام، وتمزيقهم للبلاد بفصلهم للجنوب، فكيف يعمى عن ذلك أحد بعد اليوم. لقد فقد المشروع الحضاري اللاديني، الإنتهازي، العنصري بريقه حتى هاجمه أعتى مناصريه. وسواء عنى الطيب مصطفى وأمين بناني ما كتبا في مذكرتهم، أو كان ذلك مجرد مناورة لحجز مكان في طليعة المعارضة، كمنفذ يعودون منه مرة اخرى، بعد سقوط النظام، فإنه دون شك، يشير إلى مدى الأزمة الوجودية البالغة التي وصلت إلى حركة الإسلام السياسي في السودان. ولماذا لم يتعرض كل علماء السلطة، ووعاظ السلاطين أمثال الكاروري لهذه الجرائم البشعة، التي ارتكبها النظام ضد المواطنين العزل من باب الامر بالمعروف والنهي عن المنكر. وبماذا أفتى الشيخ عبد الحي يوسف أثناء المظاهرات وتقتيل الأبرياء. فقد جاء حذر الداعية الإسلامي البارز الشيخ عبد الحي

يوسف من زواج الشباب العزاب من جنيّات. وأوضح الشيخ بعد الحي مغبة الأمر بقوله الاسلام لا يجوز ذلك لأنه يفتح بابًا للشر كما لا يجوزللجنيّـة ان تتزوج أنسيا[4]. هل هذه هي مشكلة البلد. حالات العنوسة التي تعاني منها نساء الجن، ورغبتهم العارمة في الزواج من شباب الإنس. إذا كان الشباب يقتلون في الشوارع، لم يهمك أمرهم، هل تخاف عليهم من الزواج بنساء الجن. أليس الجن أنفسهم أفضل من الأخوان المسلمين الذين يقتلون الأبرياء ووعاظ السلطة الذين يغضون الطرف عن جرائمهم ويشتروا بآيات الله ثمناً قليلاً مثل الكاروري وعبد الحي.كان واضحاً من الأدلة والأحداث أن الأخوان المسلمين لا يعتبرون أن غيرهم من ابناء الشعب بشر مثلهم. فبعد أن قتل رجال الأمن المتظاهرين دون رحمة، قابلوا المظاهرة التي أخرجها الطيب مصطفى وجماعته وكأنها ليست مظاهرة ضد النظام. كتب الصحفي محمد لطيف: يبدو أن السيد وزير الداخلية قد سبر غور المتظاهرين الذين خرجوا من جامع الخرطوم الكبير تحت لافتة تحالف الدستور الإسلامى. فوجد أنهم مسلمون لا يأتيهم الباطل من بين أيديهم ولا من من خلفهم. فوجه رجاله بعدم التعرض لهم بل أصدر أوامره المغلظة بترجمة شعار الشرطة فى خدمة الشعب. تحولت الشرطة إلى كائنات وديعة لا تهش ولا تنش فى مواجهة المتظاهرن أو تحالف الدستور الإسلامى الذى يقوده عراب منبر السلام العادل الطيب مصطفى وصهره الأستاذ أمين بنانى ربيب الحركة الإسلامية السودانية. لم يصدق الكثيرون أعينهم وهم يرون الشرطة التى مارست أقصى درجات العنف المفرط فى مواجهة المتظاهرين وغير المتظاهرين لحد إطلاق الرصاص الحى وقد تحولت إلى فريق حماية لمتظاهرين. وقارن المراقبون بحيرة عظيمة مسيرة خرجت من مسجد السيد عبد الرحمن بودنوباوى وكيف تفرقت بفضل إجتهاد الشرطة

---

[4] الراكوبة 2013/10/5م

والأجهزة الأمنية الأخرى في تنفيذ الأوامر بعدم السماح بخروج المظاهرات ومسيرة خرجت من مسجد الخرطوم العتيق فأحيطت بالعناية والحماية حتي أكملت مسيرتها القاصدة.

أصبح على الشعب السوداني أن يعامل الأخوان المسلمين بالمثل، فلا يعتبرهم سودانيين، ولا يتعامل معهم اجتماعياً ولا يتقبلهم في الأفراح والأتراح. ما حدث لنافع علي نافع، يجب أن يحدث لكل الأخوان المسلمين، فيعزلوا تماماً، من الإنتساب لهذا الشعب الكريم.

من أهم انجازات ثورة سبتمبر/أكتوبر 2013 أنها وحدت الشعب السوداني، وفضحت دعاوي النظام العنصرية. فقد درج النظام على تقتيل السودانيين في مختلف الهوامش، بعيداً عن الخرطوم، مصوراً لهم كأعداء للشعب، الذي يمثله في فهم الأخوان المسلمين مثلث حمدي. وهاهو النظام حينما شعر بالسلطة تهتز تحت اقدامه، يقتل المواطنين في قلب مثلث حمدي. ليس هناك فرق بين دم السودانيين في دارفور، أو جبال النوبة والنيل الازرق ودمهم في شمبات أو مدني. فهم واحد وعدوهم واحد هو تنظيم الأخوان المسلمين الذي يحكم السودان اليوم. ولكن ماذا بعد إسقاط هذا النظام وعصبته التي كشفت عن هدفها وهو الحكم بأي وسيلة حتي لو كانت تمزيق الأمة.

حتى بعد سكون عاصفة سبتمبر كان من الواضح أن اسقاط حكم المؤتمر الوطني الهاجس الأكبر بالنسبة للشباب. علي ان هذا أقعدهم عن استيعاب عمق الأزمة السودانية التي تحتاج إلى كثير من البحث للاتفاق على حد أدني يمثل القيم العليا للكل المجتمعي. النماذج القديمة أصبحت غير مطابقة لسودان الغد وبداية الدولة السودانية التي يحلم بها الجميع هي وطن للجميع يري كل فرد داخله ذاته وقيمه واحلامه. الحركة الإسلامية كانت وجه سافر لأوجه أخرى

تختبي خلفها وتتبادل الادوار معها. ومنها حزب الأمة ومنهجه الصحوة الإسلامية والحزب الاتحادي والجمهورية الإسلامية إلي الحزب الشيوعي وأيدولوجيته الماركسية. كل تلك عبارة عن أحزاب شكلية المنهج وهي كقيادات تتبني الرؤى العشائرية والقبلية التي تفرق بين السودان باعتباره جزر من الأعراق والديانات المتباينة. تلتقي داخل العرق العربي والديانة الإسلامية. لذلك لم تضار بشكل حقيقي كما تضررت بعض اجزاء الثقافة السودانية التي لا تعترف تلك النخب بمكونها داخل الكل السوداني. تلك النخب لم تحاول ان تري الانصهار الذي انتج الثقافة السودانية الواحدة بغض النظر عن مكوناته الأولية ولكنها أبقت على رؤيتها للمكونات الأولية وتجاهلت الثقافة التي تكونت وتجاوزت تلك المكونات. هذا ما يدركه كل إنسان غير سوداني بأن للسوداني شخصية متفردة تختلف عن البقية بغض النظر عن مكان نشاته أو ميلاده أو عرقه. وجاء ذلك من اتخاذ المنهج عند كل النخب السياسية من الحركة الإسلامية إلى الحزب الشيوعي باعتباره مطية وليس نتيجة لإيمان بمبادئ تمثل غاية للواقع. كل تلك المناهج عبارة عن رؤى وافدة لا تمت للواقع بصلة، ولذلك لم يري فيها الواقع شخصه في يوم ما وفضل عنها الأبوية العسكرية بديلاً لأناس يتحدثون عن مفاهيم معلقة في الهواء، وكذلك لا يؤمنون بها الايمان الحقيقي ليدافعوا عنها حتى الموت. لذلك وجدنا ان حتى الحركة الإسلامية التي هي أكثر مبدئية من غيرها رجعت إلى عشائرها وقبائلها عند فشل مشروعها الإسلامي، فكيف لمشروع ان ينجح لا يري الواقع وكل قيمه مستوردة. وحتى يعبر الوطن عن كل افراده يحتاج المجتمع إلى قيم عليا نابعة من داخل هذا الوطن وليست مشاريع مستوردة من الخارج تفشل عند أول اختبار. لقد مل هذا الشعب التجريب ومحاولة إلباسه رؤى الغير. أول تلك القيم التي يجب ان نبحث حولها هي تعريف هذا الوطن الذي يؤدي إلى

تعريف القوانين التي تحكمه وعلاقة المواطنين بعضهم ببعض. تعريف التعدد الذي ارتبط بالهوية السودانية وان السودان بلد متعدد الاعراق والثقافات والاديان، ينم عن قصور تلك النخب في الخروج من مرحلة التعدد إلى مرحلة الثقافة الواحدة بعيدا عن تكويناتها الأساسية. كان لذلك المفهوم أكبر الاثر في حالة اللا استقرار التي تمر بها الدولة السودانية إلى الآن لانعدام القيم العليا، فإذا اعتمدنا التعدد كتعريف للدولة نجد ان لكل عرق ولكل دين وثقافة قيم عليا تختلف وتتقاطع في بعض الاحيان مع الأخرى مما لا يمكن معه ايجاد مفهوم جامع لكل ذلك الاختلاف. فإذا تناولنا جانب الديانات والتي لا تختلف كثيرا عن الاعراق في تعريف الآخر باعتباره ضد، السؤال في أن هناك انس ينتمون إلى الدين العربي الإسلامي وإلى الدين المسيحي الغربي ويمكن ان يكون هنالك من ينتمي إلى الدين اليهودي بالإضافة إلى اصحاب الديانات المحلية. كيف لهؤلاء أن يحيوا داخل وطن واحد في حين أن كلهم يكفر بعضهم بعضا. وهنالك من يدعوا إلى قتل اصحاب الديانات الأخرى، كيف نطلب من هؤلاء ان يكونوا أخوان داخل وخارج الوطن؟ وقس على ذلك مفاهيم العشائر والقبائل والتي ماثلة امامنا الآن في الاقتتال الدائر في غرب السودان فيما بين القبائل. فكيف نرتفع لمفهوم التساوي داخل الوطن في حين القيم تحبط ذلك التساوى إذا كانت القيم الدينية أو القيم العرقية؟ لكل دولة قانون اعلي هو الدستور الذي يمثل هوية تلك الدولة وتستمد منه قوانينها الجنائية والمدنية، فالسؤال إذا كيف ستتشكل تلك القوانين في ظل التعدد المزعوم الذي أصبح يمثل تعريف الدولة السودانية عند كل الادبيات السياسية؟ فهل سننشي قانون لكل عرق ولكل دين؟ وماذا إذا تخاصم اثنين من ديانتين مختلفتين فبماذا سنحكم؟ أين موضع الشريعة من كل ذلك لاتباع الدين الاسلامي وأين موقع الشريعة المسيحية واليهودية وشريعة الديانات

المحلية من قوانين الدولة السودانية؟ وعلى أي أساس تقوم التربية والتنشئة ومناهج المدارس وغيرها من الأسئلة الكثيرة التي تحتاج إلى إجابات حقيقية.

أصبح من الضرورة الإجابة على كل تلك الأسئلة قبل أن يفاجئنا سقوط حكم المؤتمر الوطني ونبدأ في ممارسة الديمقراطية المعتمدة منذ الاستقلال وهي ديمقراطية الفوضى التي لا يوجد بها قيم عليا تنتمي إلى الوطن. هذا سيعيد الأمة إلى تبني مفهوم الأغلبية الساذج لتعريف هوية الدولة السودانية والتي تقوم على ذهنية النخب وليست على تعريف الواقع. بالتالي سيلغي ذلك تعريف واستيعاب اجزاء مكونة للثقافة السودانية والابقاء على جزء واحد وهو المكون العربي. وسيعود إلى دولة المواطن درجة أولى ومواطن درجة ثانية وغيرها، وينفتح المجال إلى جماعة الإسلام السياسي للعودة مرة أخرى باعتبارهم يقدمون رؤية كلية تتجاوز ما تقدمه النخب. كل من يسعى اليوم من الأحزاب السياسية إلى اسقاط حكم المؤتمر الوطني يسعى إلى حكم السودان دون ان يسال نفسه كيف يحكم السودان؟ وهو السؤال الذي يجب أن يؤرق الجميع.

7. عبودية العصر: التجارة بالأطفال

Modern Slavery and Trading Children

تجارة الرقيق في السودان لها تاريخ موغل في الزمان. حُرِمت أثناء الحكم التركي بضغط من الحكومة البريطانية. وكان تشارلس جردون أول من حاربها في البلاد وبذلك أثار حفيظة الكثير من الذين يتعاملون بها. وفي العصر الحديث كتب الدكتورين عشاري وبلدو عن وجودها بشكل أو آخر في مناطق كردفان ودارفور. أثار ذلك حفيظة العالم مع انتشار الفضيحة وكثرت الأقاويل عن أسواق الرقيق. على أنه لا يتوقع أحد أن تكون هذه الممارسات اللا

إنسانية مازلت موجودة في هذا الزمن. ومع ذلك فقد كانت موجودة، خاصة مع انفلات السلطة من يد الحكومة المركزية وتوطؤ السلطات المحلية لتحقيق أي كسب ممكن وبأي وسيلة حتي بيع البشر. ومع الانزلاق الأخلاقي وسيادة الفساد المؤسسي في البلاد، أصبح كل حرام حلال طالما تفعله أفراد النخبة وتباركه السلطة. سبق الحديث عن التجارة بالبشر في أسواق جنوب دارفور في الأعوام 1998 و 2000. وبدأت حملة مضادة من منظمات إنسانية لتدوين الوقائع وتوثيق هذه الظاهرة. ثم خمدت الحملة مع الأهوال التي شاهدها الإقليم بعد ذلك وذلك لتصاغرها مع الجرائم الجماعية التي وقعت.

في يوم الأربعاء يوم 2011م قام معتمد محلية كرنيك ببيع عدد اثنين طفل للجنجويد لاخراج سيناريو المخطط من قبل قيادات المؤتمر الوطني بولاية غرب دار فور لتمزيق النسيج الاجتماعي في الولاية وتدمير كل الروابط الاجتماعية بين مكونات الولاية وذالك انتقماً وتصفية حسابات مع بعض القبائل المستقرة في ولاية غرب دارفور. كعادة سلوك المؤتمر الوطني عبرت عن صدق نيتها في ابادة ما تبقى من شعب دارفور بالقتل والحرق وتدمير المعسكرات بكل الأساليب الوحشية وبيع الأطفال في الأسواق وبناء العمارات في الخرطوم وها هو رئيس المؤتمر الوطني بالولاية المدعو جعفر عبد الحكم يبنى عمارة من خمس طوابق في الخرطوم من أموال شعب غرب دارفور. قام عناصر جهاز الأمن وبعض الساقطين أخلاقيا بتسجيل صوتي مزيف الغرض منها استدراج بعض القيادات الأهلية لإثارة فتنة بين كيانات الولاية وإثارة حرب دموية حتى يـ تمكن المؤتمر الوطني في القتل والحرق وتمزيق النسيج الاجتماعي و يتمتع كوادرها في بناء العمارات في الخرطوم وسرق أمول الولاية وافقارها نهائياً لان المؤتمر الوطني يعيش حالة الصراع العنيف بين كوادرها في ولاية غرب دارفور وأزمة حقيقة ولقد هرب جميعهم إلى الخرطوم بأسرهم

وعائلاتهم بعد أن فضح أمرهم لجماهير الولاية.

من يتحمل المسئولية الأخلاقية والسياسية والتاريخية لحكومة ولاية غرب دارفور وكافة أعضاء حكومته التشريعية والتنفيذية وأجهزته القمعية في جرائم قتل المواطن وحرق القرى والمعسكرات والاتجار بالبشر في الأسواق. حضر جعفر عبد الحكم اسحق ومصطفى محمد اسحق ومفتى ارتاكا بيع البشر في سوق الاربعاء والتى تدخل فيها المعتمد السابق كسمسار في التسويق. وهذا أكبر دليل على أن كوادر المؤتمر الوطني يمارسون الرق في الولاية في ضوء النهار ويديرها القيادات العليا في التنظيم معتمد محلية كرنيك السابق كوكيل وسمسار لمؤتمر الوطني لبيع أطفال شرق الجنينة في الأسواق الرق. تأكد للجميع حقيقة المؤتمر الوطني في ولاية غرب دارفور في الانهيار الاخلاقى والسياسى والدينى والاجتماعى وفضح امرها للعالم أجمع.

كان علي منظمة الأمم المتحدة والاتحاد الأوروبى والاتحاد الافريقى ومنظمة المؤتمر الاسلامى وجامعة الدول العربية وكافة منظمات المجتمع المدنى وحقوق الانسان بالتحرك الفورى لوقف تجارة الأطفال في ولاية غرب دارفور نناشد المحكمة الجنائية الدولية بفتح ملف خاص بتجار الرقيق في ولاية غرب دارفور ومحاسبة مرتكبى الجريمة البشعة جريمة العصور الوسطى التي حاربها العالم اجمع وعادة برعاية المؤتمرالوطنى في غرب دارفور. وكان علي ثوار دارفور تبنى وتحريك القضية في المحافل السياسية والعدلية حتى يحق الحق.

كان الجهل بالسودان والاهمال من جانب مصر ممكناً فى السابق، لأن مصر ظلت منذ الفتره الخديوية مرورا بفترة عبدالناصر وأنور السادات على الرغم من والدته السودانية وحتى عصر مبارك. لم تهتم بشعب السودان وأمانيه ومطالبه المشروعه فى الأستقرار والتحرر من الطغيان وتحقيق الديمقراطية.

علي أن النظرة الأساسية للسودان في عهد محمد علي كانت أنه مصدر للذهب والحبوب والرقيق. لم تتغير النظرة كثيرا إلا بالصورة العصرية من ناحية الرقيق ولكن ظلت علي أنه الحديقة الخلفية لمصر. وظلت تتعامل مع الأنظمة السودانية بود ومحبة مهما كانت سيئة وفاسدة وقامعة وباطشة بشعبها. كان ذلك من خلال رؤية ضيقه تهتم بالمصالح المصرية المحدودة دون اتساع تلك الرؤيه لتصبح أستراتيجيه قائمه على أساس من الحب والصداقة والندية والأحترام والمصالح المتبادلة ولما يحقق مصلحة الشعبين. هل يجوز هذا في عصر ألثورة المصرية المجيدة التي غيرت الكثير من المفاهيم والرؤى داخل مصر وخارجها، وحتى متى تبقى مصر رغم ما كانت تقدمه من منح تعليمية وبعثات وفرص تدريب غير مرضى عنها بواسطة الشعب السوداني الذي يرتاح لمصر ولشعبها ولوجوده فيها من أجل السياحة أو العلاج أو لأي سبب آخر، لكنه يشعر بالغيظ والغضب من أنظمتها التي كلما يهمها أن ترى السودان بلدا ضعيفا منهكا يحكمه طغاة مستبدون، ينكلون بذلك الشعب الطيب، لكنهم خانعون منبطحون أمام الدول المجاورة الصغيرة والكبيرة. والشاهد في الأمر ورد على موقع الكتروني مدعوم من جهاز الأمن السوداني وتديره صحفية مصرية مغمورة اختارت أن تبقى دائما وأبدا في صف نظام الخرطوم الفاسد المستبد وضد مصالح الشعب السوداني ومن خلال موقعها ذاك ترفض أن تنزل أي مقالات أو إخبار لا يرضى عنها نظام الإنقاذ. ورد على ذلك الموقع خبر يقول أن نظام الخرطوم، أختار المدعو كمال حسن على وزير الدولة بوزارة الخارجية الحالي، والمدير السابق لمكتب المؤتمر الوطني بالقاهرة، سفيرا بديلا للفريق عبد الرحمن سر الختم. كلاهما من أعوان البشير والإنقاذ، لكن لماذا قبلت مصر بسفير على أراضيها في ظل ثورتها المجيدة متهم بقتل صبية وأطفال في سن الخمس عشرة يزيد عدهم عن المائة. منهم من مات بالرصاص

ومهم من مات غرقا في نهر النيل. هذه الحادثة البشعة تذكر شرفاء ثورة التحرير، بمعركة الجمل التي زهقت فيها أرواح مجموعة من شهداء الثورة المصرية. لا يوجد فرق بين الدم المصرى والدم السوداني إلا في نظرة الأول للثاني. كان الأول هو الفرعوني المتحضر والثاني البربري الذي يمكن التضحية به Expendable. برهن علي ذلك قبول مصر بمن قتلوا وعذبوا السودانيين رغم رفض العالم المتحضر لهم. كمال حسن على من هؤلاء الذين كان سجلهم المنقول من دوريات حقوق الأنسان كما جاء على دورية حقوق الأنسان السوداني العدد رقم 15 بتاريخ 15 يونيو 2003 أنه في 2 أبريل 1998، فر أطفال بين الخامس عشرة والثامن عشرة من عمرهم تم تجنيدهم بشكل غير قانوني من معسكر تجنيد يسيطر عليه الجيش في السليت وذلك لقضاء مناسبة العيد الدينية مع أسرهم. لاحق جنود وضباط المعسكر الأطفال بصورة وحشية. قتل العشرات على الفور بالبنادق الآلية. وفي يوم الجمعة 3 أبريل 1998، وقعت نفس المجزرة في معسكر تجنيد العيلفون عندما قرر 1417 من الشباب الهرب من مضايقات الضباط الذين يشرفون عليهم. تم إطلاق النار على الأطفال الهاربين. ومات العديدون منهم غرقى في النهر. كانت حصيلة المجزرة أكثر من 100 طفل. وكمال حسن على سفير السودان فى مصر، كما ذكر ذلك الموقع الأمنى هو المسوؤل الأول عن تلك المذبحة بحكم المنصب الذى كان يشغله فى ذلك الوقت وهو المنسق العام للخدمة الوطنية التى كانت تشرف على تلك المعسكرات التى يؤخذ لها الشباب والطلاب عنوة وقسرا، للزج بهم فى حرب الجنوب الجهادية. كان يشغل علاوة علي ذلك المنصب منصبا آخرا هو المدير العام لشركة دار المقدمة ورئيس تحرير مجلة المقدمة وفي ذات الوقت المدير العام لمؤسسة الفداء للإنتاج الأعلامى التي يمثلها برنامج في ساحات الفداء التلفزيوني وهى وظيفة عسكرية بحتة.

كان من المفترض رفض تعيين كمال حسن على سفيراً فى مصر، والمطالبة باغلاق مكتب حزب المؤتمر الوطنى السودانى الذى أفتح برعاية شخصية من صفوت الشريف لضرب القوى الوطنية السودانية المعارضة فى مصر. لم يحدث هذا في عهد حسني مبارك ولكنه لم يحدث أيضاً في عهد مرسي بعده.

ضرب الفساد العظيم الإداري والمالي أطنابه في بلاد العرب والمسلمين، والنتيجة الحتمية ما نراه متجسداً أمام أعيننا من تخلف وانحطاط وفقر وبطالة وجهل ومرض وتدنّ خلقي، بل وانفلات من الدين. أصبح الأمين وعفيف اليد في بعض مجتمعاتنا العربية والإسلامية في زماننا غريباً، بل أنه ربما ينال جزاء أمانته وعفته قهراً وظلماً وتعسفاً فتكف يده عن العمل أو يحال إلى التقاعد. وفي أحسن الأحوال تجمد ترقيته وينقل من وظيفة إلى أخرى مهمشاً. هذا لأن الفساد أصبح متغلغلاً حتى النخاع في أوطاننا. وأصبح صاحبي الفساد يدفعون بلدانهم إلى مدارك سحيقة من التأخر والتخلف، بل وتقويض الشرعية السياسية وإيقاف عجلة التطور الاقتصدي والتنموي، ومع هذا الهجوم الشرس من المفسدين على المال العام ونهب ثروات الشعوب على أيدي فئة قليلة عاثت بالناس ظلماً وفساداً. أصبح هؤلاء الفاسدون الذين ضعف إيمانهم وخانوا عهودهم وخربت ذممهم من كبار الأثرياء، والأدهى أن هؤلاء الفاسدين سارقي قوت الناس هم وحدهم الذين امتلأت بطونهم بالحرام وأصبحوا من الوجهاء والأعيان في المجتمع. وإذا كان الفساد يُلحق الأذى الشديد بالاقتصاد والتنمية ويزيد من الفقر والعوز والمرض والجهل والبطالة في الوطن العربي الكبير الذي بلغ عدد الفقراء فيه حوالى 140 مليون إنسان، أي بنسبة أكثر من 40 في المئة من سكان الدول العربية البالغ عددهم 303 ملايين نسمة. هذا ما يؤكده تقرير صدر عن جامعتنا العربية وبرنامج الأمم المتحدة الإنمائي، والمحزن أن تلك التقارير تُظهر أن نسبة البطالة هي الأعلى عالمياً في ديارنا، إذ كسرت

حاجز 77 في المئة، وهذا أمر مخزٍ يحدث في دول تملك الثروات الهائلة من النفط والغاز، وأطول الأنهار تجري في بلداننا. هذه أمثلة مبسطة لعواقب الفساد والرشوة والمحسوبية فإن الضرر يتعداها إلى تقويض الشرعية السياسية، فهو على الجانب الآخر يعد معول هدم يحجب تدفقات الاستثمارات إلى الدول ويجعل بعض الشركات تُحجم عن المشاركة في المناقصات التي تعلنها الدول لتنفيذ مشاريع كبرى أو متوسطة بل حتى الصغيرة منها بسبب الأتاوات التي يفرضها المفسدون على المتنافسين، بل أن الفساد المنظم يسهل انتشار الجرائم الدولية ومنها الاتجار بالمخدرات وغسل الأموال والاتجار بالأسلحة، وفوق ذلك فهو يعوق حركة التجارة الدولية.

الفساد الذي انتشر انتشار النار في الهشيم في السودان أدى إلى تعطيل مصالح الناس وألحق بأصحاب الحقوق ظلماً وضيماً من دون وجه حق. كثيرون من أصحاب المواهب والقدرات العالية والأخلاق السامية حجبت عنهم الوظائف وذهبت إلى الأبناء والأقرباء والأحباء وأبناء العشيرة والقبيلة والشلة وهم صفر من كل موهبة وتعوزهم القدرة والأمانة والخلق القويم. وقس على ذلك معظم الأمور والمصالح والحاجات، فلا تكاد تقضي مصلحة أو أمراً إلا إذا أدخلت يدك في جيبك. حتى التعليم الذي يجب أن يكون أطهر ميدان لم يسلم من الفساد فالمعاهد والكليات والجامعات يفوز بمقاعدها المقربون وتحبس عن المستحقين على رغم أن معدلاتهم أكبر بكثير ممن التحقوا بالجامعات عن طريق بوابة المحسوبية الواسعة. ومديري الجامعات يعينون من ضباط جهاز الأمن ويرقون إلي أعلي المواقع الأكاديمية، أي الأستاذية رغم ضعف معرفتهم الأكاديمية وإنعدام مشاركتهم العلمية،وطنياً أو عالمياً. وفي غالب الأحيان كانوا حاملي أعلي المراتب الأكاديمية برغم أنهم لم يدرسوا الطلاب يوماً ولا وقفوا في قاعة تدريس علي الاطلاق. كانت ذلك ضربة قاتلة للتعليم في السودان إذ

أصبح الطلاب لا يثقون بمن يدرسهم ولا بماذا يدرسون. ولكنهم كانوا مجبرين علي الالتحاق بالمعاهد التعليمية الموجودة في السودان إلا من كان له سبيلا. كانوا عبيد الحاجة ولم يكن هناك مفر.

على رغم أن الفساد استشرى حتى أزكمت رائحته الأنوف وفضائحه أصبحت على كل لسان يعرفها القاصي والداني، وهي حديث المجتمعات والمجالس والصالونات، إلا أن رؤوس الفساد يسرحون ويمرحون من دون عقاب. الذين نهبوا الأموال العامة في أمن وأمان، ما دامت قوانين العقاب بعيدة عن تشريعاتنا وثقافتنا. وإن وُجدت فهي تطبق على صغار الموظفين الذين استولوا على الفتات. أصبح القول الدارج في الديار: إذ أردت أن تسرق من دون أن ينالك العقاب لا تسرق ألفاً بل أسرق بليونًا تؤمن وتسلم.

الصورة القائمة عن الفساد التي نتحدث عنها تحدث في بلاد سكنتها الرسالة النقية واحتضنت أشرف المقدسات ودينها الإسلام الذي يقرر أن من أخذ شيئاً ليس له فيه حق حمله على رقبته يوم القيأمة. لكن حكامها باعوا آخرتهم بدنياهم وتمكنت الدنيا من قلوبهم وغلبت الشهوات عليهم فنسوا آخرتهم.

الفساد في الوطن العربي أصبحتنينا ضخماً لا تخطئه العين، ينفث نيرانه التي تأكل الأخضر واليابس، حتى إننا في التقارير الدولية عن الفساد فزنا بالأرقام المتقدمة من دون نقاش، ولو كانت موسوعة غينيس تقبل المتفوقين بالفساد لتبوأنا الصدارة في صفحاتها. والمفسدون في بلادنا لا يجدون من يوقفهم عند حدهم، كما أنهم لا يتوقفون من أنفسهم، لأن ضمائرهم من ذوات الدم الثقيل فهي لا تستيقظ أبداً، أن لم نقل أنها ميتة ولا حياة فيها. لم نر يوماً أن أحدهم تنحى عن وظيفته طوعاً، على رغم أنه إمتلك ثروة قارون. أما في بلاد غير إسلامية فكثيراً ما تستيقظ ضمائر المفسدين فيتوقفون عن فسادهم، بل أن

الفاسد يحاسب نفسه عقابًا لما فعل. أحد رؤساء كوريا الجنوبية السابقين أقدم على الانتحار بمجرد توجيه تهمة الفساد له ولزوجته فاختار قمة جبل عالٍ ليسقط من فوقها. حكم الرجل على نفسه بمجرد اكتشاف أمر فساده ليغسل هذا العار عنه وعن زوجته، أليست هذه شجاعة؟ وعندنا يسرق الفاسد الجمل بما حمل ويأخذ لقب المحسن الكبير أو الشيخ بعد عزله من منصبه. بعد سنوات استراحة نراه وقد عاد من جديد ليتقلد منصباً جديداً ثوابًا لفساده. في بريطانيا العظمى عندما تحدثت تقارير غير رسمية عن رائحة فساد تنبعث موجهة لبعض أعضاء برلمان ذلك البلد وبعض أعضاء الحكومة حول مبالغ قيل إنها دُفعت من المال العام سارع أحدهم إلى تقديم استقالته. المدير السابق لصندوق النقد الدولي غادر منصبه، لأنه خص صديقة له بترقية بسيطة. في إسرائيل اتهم أولمرت وسجن بقضايا فساد لا تتجاوز قيمتها 200 ألف دولار ولم يشفع له أنه كان جزاراً للعرب تفنن في قتلهم. هذه الأمثلة يقدمها لنا الخواجات وإليهود وهم يستولون على بضعة آلاف أو يخصون أقرباءهم بوظيفة صغيرة أو ترقية. أما نحن الذين ندعي أننا أهل النخوة والشهامة فنجد الفاسد يأكل الأخضر واليابس ويخرج المسؤول من المنصب سالماً معافى وفي حسابه مئات الملايين بل البلايين.

هؤلاء المفسدون هم ممن وُثق بهم لحمل الأمانة، وبدلاً من خدمة مجتمعاتهم التي ما جلسوا على كرسي الوظائف إلا من أجل خدمتها، نراهم وقد خانوا الله قبل أن يخونوا ضميرهم وأوطانهم وسخّروا سلطتهم من أجل تحقيق منافعهم الشخصية التي في مقدمها الاستيلاء على أموال الدول والمجتمعات مع غياب المسؤولية والرقابة والمتابعة وقوانين الثواب والعقاب، فأدخلوا اقتصاد دولنا في نفق الفساد المظلم، مستغلين غياب قوانين العقاب وضعف أجهزة الإدارة، وهو ما جعل الفساد ينخر في معظم أجهزة الدول العربية أن لم نقل كلها من

أعلى قمة الهرم الإداري والمالي حتى القاعدة،ملحقاً الضرر والأذى بالدول والمجتمعات والأوطان والمواطنين.وهكذا يظل المفسدون يعيشون فساداً يستولون على المال العام ويمتصون دماء الضعفاء ليزدادوا غنى وبطراً ويزداد الفقراء فقراً يقهرهم العوز وتقعدهم الحاجة.

بعض قيادات المؤتمر الوطني اعتادت ألا تمد أرجلها على قدر لحافها. مد الأرجل أبعد من اللحاف، يعتبر تطلعا من فاعليه يجب تشجيعه والدعاء له بالتوفيق. واتفق مع القائل تماما بأن ذلك تطلعا، ولكن يستوجب السعي لتطويل اللحاف وليس المزيد من تطويل الأرجل. هذا بمعنى أن التطلع يجب أن تتبعه طرق ووسائل تحقيقه منها تطويل اللحاف. ومن حسن الصدف أنه في ذات صدرت الصحف تحمل عنوانا رئيسا، يتحدث عن الوضع المخيف للتعليم ببعض من ولايات السودان، والكل يعلم أن التعليم هو الوسيلة الوحيدة التي تمكن من أن تمتد الأرجل لأي مدى تقصده من لحافها متى تم توفيره بالجودة والقدر المطلوب. فالتعليم هو القاعدة الأساسية التي يبنى عليها تطور ونمو المجتمعات وتقدمها، كما وهو المدخل الرئيس لإمكانية ريادتها في أي من المجالات المختلفة. الدول المتقدمة ما أن تشعر احداها بأن دولة اخرى قد تقدمتها، إلا وتتحسس مناهج تعليمها. وقد فعلتها الولايات المتحدة عندما أحست بتقدم الاتحاد السوفيتي عليها في مجال الفضاء، فكان قرارها الأول مراجعة مناهجها العلمية وفى أدنى مستوياتها. لذلك عندما أعلن وزراء التعليم ببعض الولايات، عن أن وضع التعليم بولاياتهم أصبح مخيفا، تضاعف خوفنا على مستقبل هذه البلاد، خاصة والشكوى من تدنى مستويات التعليم بكل مراحله، من أدناها إلى أعلاها ظلت متكررة ومتصاعدة. فإذا أضفنا إلى ضعف التعليم، ضعف أو غياب التربية أيضا، يصبح الوضع ليس مخيفا فقط، ولكنه مرعباً أيضاً. فالتربية والتعليم هما وجهان لعملة واحدة لا يجوز فصلها.

ولذلك لم يكن موفقا ولا صحيحا إزالة كلمة التربية من اسم الوزارة المناط بها رعايتها وحمايتها جنبا إلى جنب مع رعاية التعليم وتطوره لتصبح وزارة تعليم بلا تربية. وحتى هذه اللحظة لم يخطرنا مسؤول عن عبقرية تلك الإزالة ودواعيها، حتى نطمئن إلى أن ذلك الفعل كان مبرراً وليس تلبية لرغبة أو مزاج احدهم، كما تعودنا على مثله كثيرا. ولا زال غياب التربية وهو مختصر على اسم الوزارة ولكنه انعكس ممارسات سالبة وخطيرة طالت مخرجات التعليم بكل مراحله. وزراء التعليم بالولايات المحددة، الذين أشاروا إلى تدهور وضع التعليم حد الخوف بولاياتهم، حصروا ما يخيفهم في حدود غياب الكتاب المدرسي، ومشكلة إجلاس التلاميذ، ثم النقص في أعداد المعلمين إضافة إلى سوء البيئة المدرسية واكتظاظ الفصول بالتلاميذ. ولا نختلف في أن كل هذه النواقص بالنسبة للتعليم العام تدعو للخوف من مستقبل التعليم وبشقيه العام والعالي، ولكن لابد من الإشارة إلى أن هنالك المشاكل التراكمية التي تمت صناعتها صنعا على أيدي الإنقاذ، والتي لعبت دورها في تدهور مستوى التعليم وتدنى مستوى خريجيه. فالإنقاذ وفى سعيها لتغيير كل شيء وإعادة صياغته كما تريد، ألغت السلم التعليمي القديم، المتمثل في ست سنوات تعليم أولى، وثلاث سنوات لكل من التعليم الثانوي العام ثم الثانوي العالي، واستبدلته بسلم جديد، تم فيه دمج مرحلتي الثانوي العام مع الأولى بعد خصم عام كامل من مجموع سنواتها، ليصبح ثماني سنوات، أسموها تعليم مرحلة الأساس. وكان لنقصان هذا العام الدراسي من مرحلة التعليم العام دورا كبيرا في تدنى مستوى التعليم، ورغم إجماع التربويين على ضرورة إعادة ذلك العام إلى تلك المرحلة، وبناء على دراسات وحوارات عميقة ومتكررة، فان السلطة المعنية ظلت توافق على المعالجة قولا، ولكنها لم تقدم علي تنفيذها فعلا حتى الآن. والإنقاذ عند مقدمها رفعت شعار أسلمه المناهج، وأسلمه المناهج التي بسببها ومن أن

أجل تحقيقها ألغيت المناهج السابقة، ليتم استبدالها بأخرى مسلمة، لم يكن الهدف من ذلك أكثر من محاولة أدلجة التعليم، حتى يعمل على تخريج شباب تشبع بمفاهيمها ورؤاها، ووصل إلى قناعة وإيمان بأيدلوجيتها، ومن بعد يسهل حصدهم وضمهم لصفوفها. ولكنها لم تنجح في تحقيق هدفها ذاك، بل العكس كان صحيحا، إذ ظل التلميذ والأسرة والمعلم في حالة شكوى دائمة من المناهج التي تمت أسلمتها، وعدم اتساقها مع مستوى وعى التلاميذ وإدراكهم، بجانب عدم اهتمامها بضرورة الموازنة بين مختلف مطلوبات النمو المتكامل للتلميذ، التي يشمل الجانب المعرفي والمهارى ثم الوجداني، بينما ركزت المناهج الجديدة على الجانب الأخير أكثر من غيره، بزيادة جرعات العلوم الدينية، وتحفيظ القرآن بما لا يتسق مع أعمار التلاميذ، والمناهج الجديدة تلك ساهمت مساهمة كبيرة في تدنى مستويات التلاميذ وتجهيلهم في بعض الحالات. فتلميذ قليل المعرفة والفهم لجغرافية وتاريخ بلاده، ذلك لأن المنهج الجديد تخلي عن استخدام منهج المواد المنفصلة، الذى عرفه التعليم منذ نشأته، وألفه المعلم والتلميذ لسهولة استيعابه وهضمه، نسبة لتقديمه لكل مادة منفصلة عن الأخرى.، حيث تم استبداله بما أسموه المنهج المحوري، الذى لا يمت لذلك المنهج بأدنى صلة، إذ كل الذى حدث أن تم دمج مواد التاريخ والجغرافية والعلوم والاجتماع، في كتاب واحد، أسموه الإنسان والكون،. وهو الكتاب الذى اضعف فهم التلاميذ لمادتى الجغرافية والتاريخ، كما لم يمكنهم من فهم مادة العلوم التي استحوذت على القدر الأكبر من محتوياته. ورغم النقد الذى قدم ولا زال في حق ذلك الكتاب، إلا أنه لا زال باقيا رغم انف الجميع. وبصرف النظر عن مشاكل إجلاس التلاميذ، والبيئة المدرسية وسوءها، أو النقص في الكتاب المدرسي وغيرها مما جأر بشكواه حولها وزراء التعليم ببعض الولايات، فان اجتمع مع كل ذلك غياب التربية أو أهمالها،وهى المكملة للعملية التعليمية، فقد

تقود النتيجة إلى خلق جيل جديد يفتقد النضج والوعي مما تمتع به أقرانه في عهود سابقة. فالكثير من جيل، يجهلون أدب وفن التعامل مع الآخرين، خاصة من يكبرونهم سنا. فاحترام الصغير وتوقير الكبير ليس من بين مناهج مدارسنا ولا من مقاصد تربيتها. لذلك كثيرا ما نشاهد بعض الشباب بالأماكن العامة أو بمواقف المواصلات، وهم يتدافعون بالمناكب ودون اعتبار لكبار السن من الرجال أو النساء، حتى يفسحوا لهم مجالا بتقديمهم على سواهم، دعك من معاونتهم لعاجز وكما يفعل المواطنون بالدول المتقدمة الذين أحسنت تربيتهم. أما موضوع النقاش وكيفية إدارته والمشاركة فيه، فان ما يصدر من بعض شبابنا، يدعو للرثاء والحزن. فما يدلى به البعض من رأي يبرهن دون أدنى شك، على جهل صاحبه التام لما تم طرحه، ولذلك وبسبب ذلك الجهل، كثيرا ما تجيء تعليقاتهم بلا معنى ولا قيمة، أن لم تكن أقرب إلى الهزل منها إلى الج ونحن لا نلوم هؤلاء الشباب على جهلهم هذا، بقدرما نأخذ على مناهج تعليمنا واختلالها تجاه احتياجات النمو المتكامل للفرد، وطرق تدريسنا التي تركز على التحفيظ أكثر من التفهيم، ومن ثم عجزهما، عن توفير الفرص الكافية التي يتمكن من خلالها هؤلاء الشباب، من ممارسة كل أنواع السلوك الايجابي المطلوب، حتى يخرجوا إلى الحياة العامة وقد تسلحوا بكل ما يعينهم على المشاركة الفاعلة والمجدية فيها. فقد كانت المدرسة فيما مضى، هي المكان الذى يتعلم فيه التلميذ الخطابة والبلاغة وإدارة الحوار، وكانت المسارح المدرسية هي التي تعلم التلميذ كيف يمثل كل الأدوار التي قد يقوم بلعبها في المستقبل، غير أن هؤلاء الشباب ممن يفتقدون كل تلك الخصائص الهأمة والمكملة لبناء شخصياتهم، قد نجد لهم العذر فيما آل إليه وعيهم ونضجهم من ضعف، ذلك لأن تعليمهم العالي لم يسلم هو الآخر من القصور. فالجامعات لم تعد بذات قدراتها القديمة، عندما كانت تعتبر المصنع الرئيس الذى يصنع القيادات

المستقبلية، حيث تعمل على تأهيلهم الاكاديمى ثم تدريبهم الاجتماعي والسياسي، الذى توفره لهم أركان النشاط المنتشرة بكل أرجائها، خاصة جامعة الخرطوم، المشهود لها بكل ذلك، وقبل أن تقضى عليها سياسات التعليم العالي التي أفقرتها ماديا، وأقعدت بها أكاديميا قياسا بما كانت عليه سابقا. كما وان الصراعات السياسية الحادة التي أتت بها الإنقاذ، قد لعبت دورها في تشكيل شخصية خريجي الأكثر ميلا للعنف ورفضا للرأي الآخر. وضعف التربية بالمدارس حاليا يرجع إلى التعليم التجاري الذى تم انتهاجه واعتماده، والذي يركز على الكيفية التي يتم بها انتقال أكبر عدد من التلاميذ من مرحلة تعليمية إلى أخرى، وبسبب المنافسة الحادة على الفرص المتاحة بتلك المراحل، ينصب جهد المدارس في حشو أذهان التلاميذ بالمواد، خاصة التي سيجلسون لامتحانها، مع أهمال المناشط الأخرى حتى لا تقلل من الزمن المطلوب لحفظ المواد الممتحنة. ففي ظل ضعف الاهتمام بالجوانب التربوية، وجد بعض الطلاب فرصتهم في التقاط الكثير من الممارسات السالبة التي يعج بها المجتمع، حتى بلغت تلك الممارسات درجة جرائم القتل التي يرتكبها تلميذ صغير ضد زميله بالمدرسة. وتحدث تلك الجريمة بتدبير محكم من ذلك الطفل دون أن تجد إدارة مدرسته فرصة لاكتشافها ما دامت غير معنية بأكثر من تحفيظ الدروس والاجتهاد من أجل النجاح فيها، ولم تكن حادثة الشغب الذى أثاره بعض من تلاميذ مرحلة الأساس بشرق النيل، فأثاروا الرعب بين المواطنين باستخدامهم للأسلحة البيضاء، بأقل خطورة من سابقتها، وهى تمثل مظهرا آخر من مظاهر غياب التربية بمؤسسات التعليم. وهذا بصرف النظر عن كيفية التعامل والاحترام الذى يتوجب على التلميذ إتباعه مع معلميه، والذي أصابه الكثير من الاختلال لدرجة أن تمتد يد التلميذ نحو معلمه. أما التربية الوطنية التي تغرس في التلميذ حب الوطن، وضرورة حمايته

وحماية ممتلكاته، مع احترم حقوق وممتلكات الآخرين. فهي الأخرى ضلت طريقها إلى مؤسسات تعليمنا. أظنكم تلاحظون تخريب الممتلكات العامة التي يقوم بها البعض وكأنها أمر عادى وطبيعي، ذلك لأنهم لا يعرفون أن لهم فيها نصيبا، وان تكاليف إصلاحها يساهمون في توفيره كمواطنين. ثم أن صغارنا يعلمون عن العالم الخارجي أكثر مما يعرفون عن بلادهم. فعلوم الجغرافية والتاريخ التي كانت في زمانها مدخلا للتعرف على مختلف بقاع السودان وسكانها، ثم عاداتهم وتقاليدهم، طقسها ومصادر دخلها، وغير ذلك من معلومات، توفرها المناهج التعليمية وتعرضها بطريقة تجعل التلميذ يتذوقها ويعيشها بخياله وكأنها واقع. وقد تسلط البعض على تلك المواد وباسم التحديث، فعمل على دمجها ولخبطتها مع غيرها، ففقد التلميذ بموجب ذلك معرفته لجغرافية وتاريخ بلده، ولم يعرف الإنسان والكون الذى حشرت كواحدة من تلك المواد بين محتوياته.

كان علي الداعين إلى أن يقود السودان العالم، عليهم أن يسارعوا بقيادة إصلاح التعليم بكل مستوياته حتى يصبح أداة فاعلة في صياغة المواطن الذى يستطيع القيادة في اى من المجالات، ومن بعد الاتجاه لقيادة العالم. والتعليم هذا لا يمكن إصلاحه إلا إذا تم الاهتمام بمطلوبات ذلك الإصلاح، وعلى رأسها إعداد المعلم الذى يستطيع القيام بمهمة صياغة المواطن الصالح لنفسه ولمجتمعه ولوطنه. ثم المناهج التي لابد من عودتها لوضعها القديم، كمناهج مواد منفصلة يتم فيها الاهتمام بالجانب العقلي للتلميذ ومهاراته ووجدانياته مع الابتعاد بها عن التسييس. أما التعليم الجامعي فلا مجال لمعالجة قصوره، إلا إذا اخضع إلى تقييم علمي شفاف يحدد أن كان السودان في حاجة إلى كل تلك الجامعات.

8. صراع اللصوص

طرد صلاح قوش مستشار رئيس النظام البشير للتنكيل بالشرفاء والتصفية الجسدية والسحل والضرب وإباحة الإغتصاب في أروقة أجهزة الأمن وأعفاه رئيس النظام عمر البشير بمرسوم جمهوري نزل كالصاعقة على رأسه.

يعرف السودانيون البشير رئيس النظام جيداً ويعلمون تمام العلم أنه يحمي فقط مصالحه ولكن زملاءه والمقربين منه في التنظيم وأجهزة النظام يفاجأون ويفجعون كل مرة بما هو غير متوقع وغير منتظر؛ ضربات كل منها أقسى وأشد إيلاماً من سابقاتها. كانت تصرفات عمر البشير دائماً لها دوافع شخصية ونأنية بحتة لا تدخل فيها حسابات السودان وكانت دائماً فوقية لا تكترث إلا بكرسي القصر الذي جلس عليه. لم تكن مبادئ الاسلام تعني عنده شيئاً سوي أنها ذريعة لبقائه. هذا كان يعني أنه لابد من أن يذوذ عنه مرقده بأي صورة وتحت أي ذريعة. لكن هذا أيضاً كان له نفسي كبير وتمحور في شخصيته

وقسوة في تصرفاته حتي حد القتل العشوائي Random Genocide، حتي أصبح أقرب أقرب إلي تصور أن البقاء هو أبدي مما أكسبه ما يطلق عليه تجاوزاً جنون العظمة[5] Megalomania.

كانت الإطاحة بقوش هي رأس جبل جليد صراعات تيارات المؤتمر الوطني الذي عمل جاهداً على تشتيت الأحزاب وعلا بنفسه فأراد أن يسعد برؤية شقاق غيره فأشاقاه الله بأن يرى في نفسه. وحقق المثل السوداني السعيد بيشوف في أخوهو والشقي بيشوف في نفسه. وصلاح قوش بإسمه الكبير الذي أرهب الجميع ورتبته ولقبه: الفريق أول مهندس صلاح عبد الله محمد صالح مستشار الرئيس لشئون الأمن القومي، أضحى في خبر كان. تلك الرتبة التي لم ينالها لو لم يكن من قبل من ذوي الحظوة من الإنقاذيين. تاريخه الإنقاذي كالح السواد شديد الفظاعة يرتبط بسجل كامل من انتهاكات حقوق الإنسان في السودان رصدتها المنظمات الدولية وفضحتها. الإطاحة بقوش من المؤكد أنها جاءت كرماً لعيون مساعد البشير ونائب رئيس حزبه نافع علي نافع، فبركة مياه خلافاتها الآسنة طفحت على السطح السوداني.ونافع كثيراً

[5] دكتور كاواهارا هو أحد أصدقائي اليابانيين وهو طبيب جراح متخصص في جراحة الصدر والقلب. عمل في السفارة اليابانية في الخرطوم لعامين كطبيب البعثة اليابانية. أثناء فترة عمله أصبح له صداقات كثيرة في السودان وأوساطه الطبية. وبعد عودته إلي اليابان أسس منظمة عمل طوعية تحت اسم روشينانتس وعاد إلي السودان ليقوم بأعمال طوعية ومنها تأسيس مستشفي في شرق السودان. حكي لي أنه دعي لمقابلة عمر البشير وأنه صعق عند مقابلته له لأن ذلك كان يسأله عن لماذا لا تقدم اليابان إعانات كافية للسودان وبصيغة الأمر وبطريقة مشحونة بالصفاقة والغلظة، ملوحاً بيديه وكأنه في حالة انتشاء في مراحلها الأخيرة التي تفرز الغضب. هذا رغم أن كاواهارا قدم دعوات لمسئولين سودانيين عديدين لزيارة اليابان ومنهم نافع الذي ذهب وحاضر في جامعة كيوشو التي تعد من أفضل الجامعات اليابانية. حقيقة أني ابتعدت عن كاواهارا بعد هذا الحديث ولم أحزن عندما طردته السلطات السودانية من البلاد بتهمة اجراء نشاطات معادية للدولة لأنني اعتبرته منافق وخائن للمبادئ التي يقوم عليها العمل الطوعي، خاصة أنني دعوته إلي رحلة إلي إقليم دارفور حيث رأي بعينيه حجم المأساة.

ما قلل من أهمية حوار قوش مع القوى المعارضة والبشير بفرمانه قدر أنه يستبدل الذي هو ادنى بالذي هو خير والحقيقة أنه استبدل الذي هو أدنى بالذي هو أدنى، فكلهم في السوء سواء.

أتتإقالة قوش خصماً على الحوار بين المؤتمر الوطني والأمة القومي وكان على قيادات حزب الأمة القومي أن تعي أنها تتحاور مع عدة أحزاب بداخل المؤتمر الوطني وليس كتلة واحدة متماسكة. كما أن هذه الأحزاب المنقسمة التي تكوّن المؤتمر الوطني غير مؤهلة لتنفذ أو تستجيب للأجندة التي يطرحها حزب الأمة القومي للخروج بالوطن من عنق الزجاجة. خربت قيادات الإنقاذ الوطن بحزبهم المتداعي وكان لابد أن يعوا التجربة أن سياسات الحزب الحاكم تعتمد علي فرقة وتخبط وانهيار وتصدع بنيان الآخرين. وتماما كما جاء في استقراءات تطورات الصراع بين قطبي المؤتمر الوطني وسلطة الإنقاذ، نافع وقوش كان لابد من خروج أحدهم. لم يصمد الرئيس البشير وقبل ساعات من موقفه في التوسط بين الرجلين، فحسم الصراع لصالح ظله السياسي والقبلي نافع الذي تنفس الصعداء لازاحة خصمه الذي اعتقدوا. أنه سيكتفي بمقعده النيابي وأن يجلس إلي حين في المقاعد الأمامية للمكتب القيادي للحزب الحاكم. كانت عضة نافع قاتلة لطموح قوش ولكنه لم يستسلم بسهولة وهو الذي عرف عنه تاريخه الأمني العنيف والباطش شأنه شأن نافع. كان كلاهما ممسك علي الآخر ملفات تنضح بالمداد والدماء والصور الشنيعة خلف غياهب بيوت الأشباح لتعذيب الخصوم وتصفيتهم. هذا فضلا عما تختزنه ذاكرتهما من اثباتات لن تكون موثقة إلا شفاهة من عمق الذاكرة لمؤامرات حيكت لتصفية رموز من النظام ذهبوا أيضاً عقابا لطموحاتهم أو مواقفهم. هذا إلي جانب معرفة كلا الرجلين لتفاصيل يمكن أن توجه سهاماً من كليهما لأخيه. وهناك بالطبع التخطيط لغزوات خارجية كحادثة محاولة اغتيال الرئيس المصري السابق حسني مبارك

التي حسبت علي نافع تخطيطا وتنفيذا. وحسب علي قوش أجر مناولة معلومتها لأجهزة المخابرات المصرية في فترة شهر العسل التي مرت بينه ورئيسها السابق اللواء عمر سليمان.

خرج قوش وربما مثلما درجت الإنقاذ مع أعضاء محفلها المخطئين أو المفسدين أو المغضوب عليهم باعطائهم استراحة محارب من قبيل التاديب الناعم. لكن الرجل لم يفقد أمله في القبض علي السلطة وهو حليف الولايات المتحدة ومخابراتهاويمكنه دائماً اللعب بورقة علاقته بها بعد انقضاء عدة طلاق الجنوب ليدخل في معركة تكسير عظام مخابراتية. هذا بالإضافة إلي ورقة رابحة مطبوع عليها سيف الجنائية المسلط علي رقبة البشير فينزلق ساقطا. لم يكن خليفة البشير المنظور علي عثمان بعيداً عن الساحة وكان صراع الظلال مستمراً ومرتكزاً علي قاعدة القبلية ومعسكر الاسلاموين، الاسلاموي-عسكري والاسلاموي قبلي. كان صراع أفيال يتعدي مربع الانقسام السياسي إلي هوة التصنيف الجهوي والضحية كان الشعب السوداني. انحصرت عصبة الإنقاذ حكومة وحزبا في زاوية حرجة وهي تتلقي ضربات موجعة وقاتلة من ثورات الهامش. تلقي الجيش السوداني تلك الضربات وهرب جنوده من أرض المعارك في أخيان كثيرة تاركاً عدته وعتاده[6].

---

[6] أخي وصديقي ابن عمر محمد أحمد ونلقبه بالخليفة لخلفيته الصوفية وانحداره من بيت صوفي عظيم وكان أحد ركائز الحركة الاسلامية في السودان وقد ضحي بكل ما يملك في سبيل نصرة السودان كوطن للجميع. تمت إزاحته من التنظيم وأبعد عن المنظومة وأنأى نفسه عن العمل السياسي ذلك حتي يصبح محايداً مع علمه بتنامي السخط علي النظام ولأنه يعتبر زعيماً لقيادات كل إقليم كردفان. في أثناء إفطاري معه يوم 28 رمضان عام 2013، قال لي بغضب أن الحكومة تحارب النوبة في جنوب كردفان وكيف أنهم جنود أشداء هزموا جيوش محمد أحمد المهدي من قبل. وحكي لي كيف أنهم حين هجموا علي قاعدة عسكرية في جبل الدائر المشرف علي مدينة الرهد-كردفان فر جنود القوات الحكومية منهم إلي الأبيض وكيف تركوا 300 سيارة وعتادهم وأسلحتهم وذخيرتهم ومؤنهم ليلوذوا بالفرار. لا أري أن الجندي السوداني النظامي جباناً، بل هو

لم يكن ذلك الشرخ الأخير الذي أحدثه عمر البشير في جدار خصومه باعفاء صلاح قوش لأن الاشاعات تحدثت في شهر يونيو 2013 عن إعفاء علي عثمان محمد طه.كان هناك الكثير من التململ داخل النظام ومن بدأ يحاول مصارعنه ولو بقلبه. أسفر ذلك عن محاولة ود إبراهيم الانقلابية المزعومة وكان لتراكمات الماضي أثرا في تداعيات الحاضر وقطعا سيكون لها ما بعدها في رسم صورة الغد. صلاحية النظام انتهت وتقادم الزمن وماتت الفكرة والمشروع.

لا يوجد صراع داخل المؤتمر الوطني. وكلام نافع يخصه وحده. كانت هذه هي العبارة الأبرز في المؤتمر الصحفي الذي عقده الفريق صلاح قوش، مستشار رئيس الجمهورية. حاول من خلاله تبرئة حوار مستشارية الأمن من الفشل الذي دمغت به من بعض القيادات السياسية. أبرزهم نافع علي نافع، نائب رئيس المؤتمر الوطني للشئون السياسية، والذي اشار إلى فشل الحوار الذي تقوده مستشارية الأمن مع القوى السياسية ومقاطعة بعض الأحزاب له، إتهام وضعه كثيرون ليس في باب توصيف نتائج الحوار، بقدر ما أنه يعبر عن حالة اختلاف داخل أروقة المؤتمر الوطني، الذي يشهد بداخله بحسب متابعين له تيارات تتقاطع الرؤى فيما بينها حول عدد من الملفات.اذاً هناك رؤيتان تتقاطعان داخل المؤتمر الوطني،بدأ خلافهما يظهر بشكل اكثر وضوحاً من خلال الحوار الوطني مع الأحزاب السياسية المعارضة، فنافع علي نافع، بدأ من موجهي وصانعي الحوار مع القوى السياسة من داخل أروقة المؤتمر الوطني والذي يجري في شكل ثنائيات مع الأحزاب، فيما يبدو أن التيار الآخر، يعبر

مقاتل متفاني أثبت قدراته أثناء الحرب العالمية الثانية ولكنه في عهد نظام الإنقاذ فقد خيرة ضباطه الذين طردوا وفقد روحه القتاليةوحتي من كان مازال صنديداً كان فقيراً ويري ضباط النظام المنعمين. علي حد أحد المنخرطين في ميليشيات النظام محمد صالح عبد المجيد، فإن الجندي السوداني كان يقاتل ولا يوجد عند أسرته ملوة عيش (ذرة) ليقتات بها أبنائه.

عن نفسه في ذلك من خلال مستشارية الأمن القومي التي يقف على رأسها الفريق صلاح قوش، بدأ يتجلى من الدهشه التي ارتسمت لدى كثيرين وهم يصغون إلى حديث نافع، بالاذاعة القومية من خلال برنامج مؤتمر اذاعي حينما قال حول أزمة مؤسسية منابر التحاور مع القوى السياسية أن الحزب أمره مرتب جداً ونحن لدينا أمانة كاملة للحوار مع القوى السياسية وتأتي لعرض نتائجه في القطاع السياسي ومن ثم المكتب القيادي لاقراره، وفي بعض الأحيان قد يتم رفعه إلى لجنة عليا كما بيننا وحزب الأمة والاتحادي الديمقراطي. المبادرة التي دارت بالمستشارية هي مبادرة انطلقت منها وحاولت أن تقول إنه عمل حزب والحزب أوضح أنها ليست قضيته. وقالت إنها تكليف من رئاسة الجمهورية وتأرجحت في ذلك، ولذلك نحن نرى أن كثيراً من القوى السياسية التي كانت قالت إنها تشارك في حوار المستشارية انسحبت من ذلك.وإذا كان عمل المستشارية تابعاً لرئاسة الجمهورية، فليس من الممكن تعطيل الجهاز التنفيذي من عمله. قال نافع أن الصورة في تلك الجهة الاستشارية لم تجد قبول كبير لأنه اكتشف أنه ليس حواراً مع المؤتمر الوطني. وقبل أن تنتهي ذبذبات صدى صوت نافع لدى آذان سامعيه، فإذا بالفريق صلاح قوش مستشار رئيس الجمهوريةيعقد مؤتمراً صحفياً لتبرئة ساحة المستشارية ودمغها بالفشل في الحوار السياسي الذي تجريه مع القوى السياسية، بالاضافة إلى تبرؤ المؤتمر الوطني منه. فقال قوش للصحافيين: لا يوجد صراع داخل الوطني ثم أن رئاسة الجمهورية والمؤتمر الوطني يباركون مشروع الحوار الذي تقوده مستشارية الأمن مع القوى السياسية المختلفة. إلا أن الفريق نفى أن تكون المستشارية تقود هذا الحوار مع القوى السياسية باسم المؤتمر الوطني، وأضاف الحكومة حكومة المؤتمر الوطني،فلو كان رافضاً فكيف يكون حال الحوار. ووضح أن مباركة الحزب لهذا المشروع كان من

قيادة الحزب ومؤسساته المعنية وتصريح نافع يخصه وحده. وزاد قوش أن السؤال المطروح للوطني هو هل مناديه في حوار المستشارية يمثلونه أم أنهم سرقوا اسمه وأضاف أنا عضو في المؤتمر الوطني، وبمعرفتي البسيطة أعلم أن الذين يمثلونه أعضاء في المؤسسة السياسية للحزب. ويبدو أن النقد الذي وجهه نافع علي نافع، بحسب مراقبين، لحوار مستشارية الأمن، أنه أزال الغطاء عن خلاف داخل المؤتمر حول آليات ومؤسسات الحوار مع القوى السياسية، نقدا لم يكن الأول الموجه لحوار مستشارية الأمن ومحاولة تبرئة الحزب المؤتمر الوطني منه. سبق لأمين التعبئة السياسية بالمؤتمر الوطني حاج ماجد سوار، أن قال في تصريحات صحافية أنه لا علاقة للحوار السياسي الذي يقودونه مع الأحزاب السياسية، بالحوار الوطني الذي تقوم به مستشارية الأمن كجهة تابعة لرئاسة الجمهورية. ورأى أن حوار مستشارية الأمن مع الأحزاب حوار علمي في شكل ندوات القصد منه بلورة رؤية حول بعض القضايا الاستراتيجية. ولكنه وصف الحوار الذي يقوده المؤتمر الوطني مع الأحزاب بانه حوار سياسي من أجل التوافق على القضايا الوطنية، كمبدأ كان سابقاً واجباً، وأصبح أوجب من قبل، مشيراً إلى مد جسور التواصل مع كل القوى السياسية للتوافق حول قضايا المرحلة القادمة. الطيب زين العابدين، أستاذ العلوم السياسية بجامعة الخرطوم، قال للصحافة أن الخلاف بين نافع المؤتمر الوطني وقوش المستشارية ليس بالضرورة أن يعكس تنافس تيارين داخل المؤتمر الوطني، بقدر ما يعكس عدم المؤسسية داخل حزب المؤتمر الوطني. الحقيقة أن عدم المؤسسية هي مشكلة حزب المؤتمر الوطنيوسبب اختلاف رؤية نافع وقوش هي عدم المؤسسية في الحزب وعدم تنظيم الأدوار المختلفه للقيادات. وتتداخل العلاقات الشخصية وطريقة الترضيات هي التي تتحكم بشكل كبير في مجريات كثير من الأمور داخل الحزب. وبالطبع فإن كلا

من نافع وقوش لديهما مبرراتهما فيما يجري. ولكن من ناحية المؤسسية، فإن الحزب هو الذي يقود الحوارات السياسية مع الأحزاب وهناك أمانة سياسية تضلع بذلك. لكن في ذلك الوقت كانت مستشارية الأمن تبحث عن دور لها يقترب من أن يصبح العقل المفكر للحزب، وكان الأصح أن تجري دراسات وبحوث للجهات المسئولة في الدولة. وهناك خلاف حول حوار المستشارية منذ طرحه بين القوى السياسية التي قاطعته بعضها الشيوعي والشعبي والأمة. إلا أن الخلاف الداخلي بين المؤتمر الوطني ومستشارية الأمن وداخل مستشارية الأمن، كان أكبر مما بدا مع الأحزاب المقاطعة للحوار. قال اللواء حسب الله عمر، الأمين العام لمستشارية الأمن في برنامج مؤتمر اذاعي: إذا أجمعت الأحزاب في حوارها الذي تديره مستشارية الأمن الوطني، على أن تذهب الشريعه فلتذهب. كان هذا التصريح كفيل لوحده بإقالة اللواء حسب الله عمر، من منصبه بعد أن شنت عليه حملة من جماعات دينية كثر، مما دفع مستشارية الأمن لعقد مؤتمر صحفي تبرأت فيه مما ذهب إليه حسب الله، قبل أن تقيله بعد أن ازدادت عليها الضغوط. ولكن قيادي المؤتمر الوطني، ربيع عبد العاطي وصف للصحافة ما يجري بأنه معركة من غير معترك، وأنها أبرزت صحفياً أكبر من بروزها على أرض الواقع وأن ما ظهر من صدام، لا يعدو أن الصحافة عملت تكييفاً غير دقيق لهذا الصدام. هذا لأن الحقائق تقول أن المؤتمر الوطني له منابره الفكرية، وان المستشارية لها دورها، وأن الحزب غير ملزم برأي من خارجه. هذا الوضع أظهر الخلاف أنه خلاف من حيث التكييف وليس خلافاً من حيث الجوهر، وأضاف لا اعتقد أن الخلاف بذات الصورة التي طرح بها في الصحف ورفض ربيع، وصف ما جرى بأنه صراعات بقدر ما هي اختلاف وجهات نظر، بدأت مع ضعف مؤسسات الحزب انها خلافات، مشيرا إلى أن علو اصوات بعض القادة والآراء داخل

الحزب نتج عن ضعف مؤسسات الحزب التي تحتاج لاصلاح وتقوية، وقال عندما تضعف المؤسسات، تقوى رؤى القيادات، لذا المؤسسة الحزبية نفسها ينبغي أن تقوى حتى نرى أن رؤية القيادات هي رؤية الحزب. وأضاف حينما تنوم المؤسسات الحزبية، هناك الناشطون يقولون آراءهم لذا تبدو وكأنها آراء الحزب، داعيا لتقوية مؤسسات الحزب حتى تتكامل الرؤى بشكل مؤسس داخله، وقال ربيع، ليس هناك تناقض بين ما يقوم به الحزب وما تقوم به المستشارية في حوارها مع القوى السياسية، وقال أن مباركة رئاسة الجمهورية لقيمة الحوار لا تعني بالضرورة إلزام الحزب برؤيته.

كانت مستشارية الأمن الوطني أطلقت حواراً مع القوى السياسية وفعاليات المجتمع، حول القضايا الاستراتيجية للأمن الوطني، وكونت امانة تنفيذية من عدد من الأحزاب لإدارة الحوار والتنسيق حول قضاياه المطروحة للنقاش، وبدا منذ وقتها للمراقبين حالة اشبه بالتقاطعات بين الحوار الذي تديره مستشارية الأمن القومي، والحوار السياسي الذي يقوده المؤتمر الوطني مع الأحزاب السياسية للتوافق حول برنامج سياسي للمرحلة القادمة، الأمر الذي دفع البعض من خلال الرفض الذي ابدته بعض الأحزاب السياسية للحوار الذي اعلنت عنه مستشارية الأمن، حول اختصاص المستشارية في إدارة الحوار الذي ينبغي أن يكون بين القوى السياسية وليس عبر جهاز استشاري معني بالقضايا الأمنية. ومما أحدث حالة من الارتباك حول فهم مغزى الحوار الاستراتيجي الذي ترعاه مستشارية الأمن القومي، أنه بدا لدى كثيرين أنه متوافق مع الحوار السياسي الذي يقوده المؤتمر الوطني عبر لجان ثنائية مع الأحزاب السياسية، وفي ذات الوقت يبدو حوار متقاطع مع حوار المؤتمر الوطني لجهة الهيئة التي ترعاه وطبيعة مخرجات المآلات التي يسعى إليها. ولكن حسن الساعوري، استاذ العلوم السياسية بالجامعات السودانية، قال

للصحافة أنهناك فرقاً كبيراً بين الحوار الذي تديره مستشارية الأمن، والذي يقوده المؤتمر الوطني، مشيرا إلى أن مستشارية الأمن تتحدث عن القضايا المرتبطة بالمصلحة العليا للسودان، وتحاول عبر حوارها أن يصل الناس لتحديد هذه القضايا الأساسية في الشأن الداخلي والشأن الخارجي لأن هذه القضايا خطاً أحمَر، بمعنى أنها تتناول الأمن القومي السوداني وماهية مهدداته بغض النظر عن موقف الحكومة. وأضاف الساعوري أما حوار المؤتمر الوطني هو حوار سياسي لبحث مستقبل الحكم في السودان ويتحدث فيه المؤتمر الوطني عن المصالح الحزبية المختلفة، اين يمكن أن تلتقي مصالح المعارضة والحكومة.

تزايد التململ في شوارع العاصمة السودانية الخرطوم من إرتفاع أسعار الحاجيات الانسانية الضرورية والسلع الرئيسية والوقود. وهو التململ الذي بدأت وتيرته في الارتفاع منذ الأيام الأولى لعملية إستفتاء جنوب السودان في يناير 2011. وأشارت وقائع الاحوال إلى أن إرتفاع اسعار السلع الرئيسية والتململ الذي يصاحبها سيستمر نظرا للتدهور في الأداء الاقتصادي. تأهبت لذلك وزارة المالية السودانية بموازنة مالية جديدة جري الاعداد لها حسبما كشف عن ذلك على محمود وزير المالية والاقتصاد الوطني وأشار في تصريحات أن الترتيبات جرت بصورة طبيعية للموازنة الجديدة التي تم إعدادها. أكد أنه سيتم تغيير هيكلة الموارد وهيكل المصروفات لتتلاءم مع المتغيرات الآنية، وأن الموازنة ستتواكب مع الرؤى الجديدة بعد حذف الأشياء المتعلقة بالجنوب من الموازنة الحالية، قبل الإعلان الرسمي للانفصال على أن تستوعب كل المتغيرات وفق الدستور. وأبان محمود الذي تُقبل وزارته على إختبار تاريخي، هو الأول من نوعه في تاريخ الدولة السودانية أن التعديلات على الموازنة الحالية سوف تُعرض على مجلس الوزراء والبرلمان حسب القانون والدستور. بيد أن تعديلات محمود ورفاقه في بنك السودان المركزي تبدو غير

مجدية تماماً لإنقاذ الوضع المتردي للاقتصاد السوداني، الذي سيجابه بصدمة كبيرة،وفقاً لتقرير صندوق النقد الدولي الذي أفرج عنه قبل يومين، ليتصدر الصحف العالمية، مشيراً إلى أنه على الحكومة السودانية أن تتبنى تدابير عاجلة من بينها خفض الإنفاق ورفع الدعم عن الوقود والحد من الإعفاءات الضريبية وتحسين إدارة الإيرادات، لتجنيب الاقتصاد في شمال البلاد صدمة عقب انفصال الجنوب في يوليو 2011 بفقدانه النفط الذي يشكل نسبة كبيرة من موارد الموازنة العامة للدولة والضغوط المتوقعة بسبب العجز في النقد الأجنبي. ومضي التقرير ليبين أن السودان سيفقد 75 في المئة من عائدات النفط عقب الانفصال ما سيؤدي إلى اختلالات داخلية، وانخفاض في تدفق العملات الأجنبية، وهو ما حدث. أثر ذلك على ميزان المدفوعات ووضع ضغوط إضافية على العجز المالي والاحتياطي من العملات الأجنبية التي سبق أن وصلت لمستويات قياسية. عائدات النفط كانت تشكل أكثر من نصف عائدات الحكومة و90 في المئة من الصادرات قبل أن يحذر صندوق النقد الدولي المكون من مئة سبعة وثمانين بلداً ويقع مقره الرئيسي في قلب العاصمة الأمريكية واشنطن من أنه إذا لم تقم الخرطوم بضبط إقتصادها فانه سيصاب بما أسماه بالصدمة الدائمة خاصة وأنه ليس أمامها سوى فرص ضئيلة للتمويل والدعم الخارجي. وأشار إلى أن حجم وطبيعة التدابير يمكن أن تكون لها انعكاسات مهمة للنمو والاقتصاد الكلي لتحقيق الاستقرار. استرسل التقرير راسماً سيناريوهات سوداء للاقتصاد السوداني، مشيراً إلى أن السودان سيشهد انخفاضا بنسبة 10% في الناتج المحلي غير النفطي، فضلا عن انخفاض في الخدمات النفطية ذات الصلة وزيادة في رسوم نقل نفط الجنوب عبر الشمال، وزيادة في الواردات من المحروقات لسد النقص في الإنتاج المحلي، ليتبع سيناريوهاته السوداء بروشتة للخروج من المأزق. الاستنتاج أن

على شمال السودان حينها أن يخفض من الانفاق مع رفع الدعم عن الوقود والحد من الاعفاءات الضريبية وتحسين إدارة الايرادات. لكن رفع الدعم عن الوقود والذي يمثل إحدى نصائح الصندوق للخرطوم وغيره من النصائح الابوية التي ضج بها التقرير تشير بجلاء إلى أن تقرير الصندوق لايعدو كونه مجرد كذبة يسوقها صندوق النقد الدولي بالتعاون مع الحكومة السودانية. صرح بروفيسور عصام بوب بأن الدعم علي الوقود مرفوع أصلاً منذ مجئ حكومة الإنقاذ. وحذر من مغبة السير في طريق البنك الدولي وصندوق النقد الدولي الذي وصفه بطريق السراب الذي لايمكن لحكومة قامت بضرب كل الامكانات الصناعية والانتاجية لاقتصادها أن تسير فيه.

حقيقة أن الاقتصاد السوداني أصبحقتلصاداً ضعيفاً يرتكز على الطبقة التجارية فقطالتي أسسها النظام تبعا لمبدأ التمكين والذي استهله با لتمكين الاقتصادي الذي أصبح قاعدة للفساد الشامل الذي أنشب قبضته وأحكمها علي عنق السودان بأكمله. وهناك أزمة هيكلية حقيقة تمسك بتلابيب النظام الاقتصادي السوداني لكونه إقتصاد يعادي الانتاج والمنتجين ويمد يده بيضاء لمساعدة الطفيلية. أصبحت الأمور تمضي إلى الأسوأ بإستمرار لسياسة الاقتصادية الفاشلة التي تتبعها الحكومة التي إستعاضت عن التفكير في المصالح الاستراتيجية للاقتصاد السوداني بالتفكير في مصالح النخبة الحاكمة. وهو ما أدى إلى إنهيار المشروع القومي الوطني. وشعارات تقليل الانفاق التي رفعتها الحكومة لاتعدو كونها مجرد هتاف، لأنه في الوقت الذي تتحدث فيه الدولة عن تخفيض الانفاق لازال 86شخصاً ممن يوصمون بالخبراء يحيطون بوالي الخرطوم الذي يصرف لكل منهم من خزينة الدولة ما لايقل عن خمسة عشر ألف جنيه مقابل استشارات لا تسمن ولاتغني من جوع. هذا في الوقت الذي يقل فيه الانتاج والنمو الاقتصادي. أشار تقرير صندوق النقد

الدولي إلى أن النمو الاقتصادي في السودان تباطأ في عام 2010 إلى نحو 5% من 6% في عام 2009. كما ارتفع معدل التضخم بشكل حاد من 8% في نوفمبر 2010 27% في المئة في الشهر التالي. هذا الارتفاع عزاه صندوق النقد الدولي إلى الارتفاع الكبير في أسعار المواد الغذائية، والشكوك في الفترة التي سبقت الاستفتاء، وانخفاض قيمة الجنيه السوداني، فضلا عن تكهنات في وقت مبكر حول إمكانية رفع الدعم عن المنتجات النفطية والسكر وغيرها من المنتجات، ولم يغفل التقرير كذلك انخفاض احتياطي النقد الأجنبي بشكل كبير في العام 2010 نتيجة لتدخل بنك السودان المركزي إلى ما يزيد قليلا على 500 مليون دولار. كما أشار إلى انخفاض قيمة صرف الجنيه السوداني في مقابل الدولار بشكل كبير وازدهار السوق السوداء مما اضطر البنك المركزي للجوء إلى حافز تشجيعي لجذب العملات الأجنبية إلى المصارف وسد الفجوة الكبيرة في سعر الصرف. هذا قبل أن يحذر من آلية البنك المركزي السوداني الاخيرة مشيراً إلى أنه من شأنها أن تؤدي إلى بعض التشوهات في السوق كما يمكن أن تقوض الشفافية في تنفيذ سياسة بنك السودان. لكن يبدو أن الخرطوم لم تكن قلقة بالشكل الكافي إزاء تحذيرات صندوق النقد الدولي وتململات الشارع السوداني، حيث لازالت تراهن على إحتياطي النفط في السودان الشمالي والذي ترى الحكومة السودانية أنه أكبر بكثير من إحتياطي نفط الجنوب، وهو الأمر الذي يبدو القطع به صعباً حسب السر سيد أحمد وهو خبير في اقتصاديات النفط. الأخير أشار إلى أن معظم الشركات التي حضرت للتنقيب في الشمال ضعيفة وليس لها ثقل تقني أو استثماري. يعضد هذا الحديث صحيفة الشرق القطرية ما يجري من تنقيب في مربع 9 الذي حاولت العمل فيه شركة روسية ذات مستوى ضعيف وأعقبتها شركة بريطانية غير متخصصة في إنتاج النفط، وأخيرا جاءت شركة مصرية. صحيح

أن هناك حديث عن دخول شركات كبرى من الصين بصورة واسعة ولكن في النهاية ظهور الاحتياطي المؤكد يحدث الفروق في حضور الشركات الكبرى لا الصغرى. ومابين أحلام الخرطوم النفطية ولغة الأرقام الصعبة ولهيب الاسعار ونصائح الاعداء الاصدقاء في صندوق النقد الدولي، تبقى صورة الاقتصاد السوداني شاحبة وتكسوها خدوش كثيفة قد تسفر عما حدث لصور مهترئة في دولة صديقة وشقيقة. وإذا إستمر الوضع على ماهو عليه سيبقى كثُراً تعبيراً عن الواقع من موظفي البنك الدولي وسائر وجوه النظام الرأسمالي العالمي.

في نهاية العام 2013 حدث ما توقعه الكثيرون إلا أفراد العصبة. سجل الاقتصاد معدلات نمو سالبة وانخفض اجمالي الدخل القومي بأكثر من ثلثي قيمته عام 2008. لخفضت قيمة الجنيه السوداني وارتفع قيمة الدولار الأمريكي الواحد مقابل الجنيه إلي 8.75أي أربعة أضعاف قيمته عام 2009. وانخفض الانتاج الزراعي بحوالي 36% عما هو عام 2010. كانت الأمور تشير إلي حدوث فجوة كبيرة في انتاج الغذاء ومزيد من المسغبة بين أبناء الشعب.

9. حروب العصابة

The Gang's Wars

عنوان هذا القسم هو حروب وقد صارت متعددة في أرجاء السودان مع أواخر العام 2013. دارت في قلب السودان حين هجمت الحركات المعارضة ودخلت أم روابة وأبو كرشولة علي مرمي حجر من مدينة الأبيض. ثم هاجمت مدينة أبو زبد الأقرب للأبيض وإلي بابنوسة. كانت علي مشارف مدينة الدمازين في النيل الأزرق وتطوق مدن دارفور الكبيرة كلها، الفاشر ونيالا

والجنينة.على أن حروب العصابة الداخلية كانت أيضاً مشتعلة وأكثرها حروب أخلاقية. وقد حدثت وقائع عدة مخجلة من قبل نظام الإنقاذ في السودان بعد سقوط نظام حسني مبارك لم يعهدها السودانيون ولا تشبههم في سلوكياتهم وثقافتهم رغم تنوعها. تتمثل تلك الوقائع في التشفي والشماتة لما حدث لحسني مبارك ونظامه. هذه الأحداث وما سبقها تؤكد على أن أهل الإنقاذ والمؤتمر الوطني حقاً وصدقاً لا ينتمون إلى الشعب السوداني فكراً وثقافةً وسلوكاً. فمنذ سقوط حسني مبارك الذي فرح له القاصي والداني من شعوب الوطن العربي لم يحدث من أنظمتهم ما حدث من نظام الإنقاذ من شماتة تمثلت في زيارة رئيسه مباشرة بعد سقوط طاغية مصر ودعوته ثم رشوته للمجلس العسكري ب 5000 رأس من الأبقار في الوقت الذي كان شعبه في أشد الحاجة إليها وذلك للمساندة له بنفس الطريقة التي كان يقوم بها نظام حسني مبارك. وقد وضح جليا أن الحاكم المصري فيما يتعلق بمصلحة بلاده عندما رد الزيارة وقبل الهدية وأرسل شباب الثورة ليعانقوا عصابة السودان الذين يكمون ويعذبون الشقيق الأصغر. لم يكتف نظام الإنقاذ بذلك ولكنه أعلن أن السودان يرفض ترشيح مصطفى الفقى أحد رموز النظام الحاكم المخلوع في مصر لأسباب ليس من بينها الكفاءة التي يتطلبها المنصب ولا الموضوعية التي تقوم على المصلحة للدول العربية المراد أن يمثلها أي أمين عام يأتي مرشحا للمنصب. ولكن رفضه جاء على خلفية شخصية للمرشح المصري في شخصه. ولولا الثورة التي أطاحت بنظام الفقي لما تجرأ نظام الإنقاذ على رفضه بل كان ومستشار الجمهورية ووزير الخارجية الأسبق والذي كان يتطلع للمنصب أول من أيده ليس لمصلحة سيقدمها الفقي للعرب ولكن تملقا للشقيق الأكبر. يرجع سبب نظام الإنقاذ في رفض ترشيح مصطفى الفقى لأنه من اللذين قالوا بأن نظام الإنقاذ في السودان هو نظام فاشل وذلك في لحظة لم يكن رئيس مصر

راضيا تماما عما يقوم به نظام الإنقاذ في السودان بسبب محاولة إغتياله والتي لو كانت قد نجحت لحلت أهل مصر من كل المآسي التي تلت ذلك العام. ولكنها كانت ستكون عكس تماما لما هو عليه حال حسني مبارك. جعلت تلك الحادثة منه بطلاً يتغنى به أهل مصر ويضعونه جزءا من المقررات الدراسية والمنهج الجامعي وفرضوه كما فعلوا من قبل على المناهج الدراسية في السودان.

علم الله كان سابقا لما كان يقوم به حسني مبارك في شعبه ودعوات المظلومين من أهل مصر كانت وراء إلا يتحقق ما تم التخطيط له رحمة بمصر وأهلها وفضحا لحسني مبارك ومن معه من عصابات نظامه التي أصبحت في السجون تنتظر الحكم عليها بالفساد. كان مصطفى الفقي وحزبه المنحل في مصر قد قام بتأييد نظام الإنقاذ منذ يومه الأول بإعتباره إنقلابا تقوده جماعة من الضباط الذين ينتمون للنميرى الذي جعل السودان إمعة لمصر في كل توجهاته السياسية وهي الحال التي إفتقدوها عندما جاء بدلا عنه نظام ديموقراطي بإختيار حر ونزيه بقيادة حزب الأمة وتحت زعامة الصادق المهدى والذي إعتبروه يقف ضد مصالحهم في السودان. هذا الموقف المصري من حزب الأمة موقف ثابت تاريخيا منذ نهاية الثورة المهدية مرورا بتدبيرهم وتأييدهم لإنقلاب عبود ثم تدبيرهم وتأييدهم المتواصل لنظام مايو العسكري الذي حدثت عند بدايته مجزرة الجزيرة أبا حينما قامت مصر بضرب الأنصار فيها بطائرات الميج التي لم يكن السودان يمتلكها كما جاء على لسان رئيس وزراء السودان الأسبق محمد أحمد محجوب في كتابه الديموقراطية في الميزان. لهذا كان الأولى بنظام الإنقاذ أن يسبب رفضه للفقي من جانب يتعلق بالمصلحة القومية للعرب ودولهم جميعها والتي فرط فيها عمرو موسى كثيرا وعمل ضدها في معظم الأحيان خاصة عندما يتعلق الأمر بدول أفريقيا في الجامعة العربية. فمثلا لم يكن هناك موقف واحد يؤكد على أن الجامعة العربية

تعمل على وقف الحرب في الصومال والتي اسـتمرت 28 عاما والتي تدخلت فيها أثيوبيا وكينيا كدولتين غازيتين إقليميا وأمريكا ثم الدول التي تدعي بأنها تحارب القرصنة في بحر العرب وهي تقتل الصوماليين الذين يدافعون عن مياههم وثروتهم السمكية في حدودهم الإقليمية. ولم نسمع من عمرو موسى شيئا إيجابيا وعمليا في مأساة السودان التي أدت إلى إنقسامه ولا دور إيجابي يسهم في حل مشكلة دارفور التي خلقها نظام الإنقاذ الذي يدعى علاقته الطيبة بقادته. وعلى العكس من ذلك تماما كان عمرو موسى من المؤيدين لأي عمل عسكري يقود إلى زعزعة العرب وفشلهم بدل البحث في تفعيل دور الجامعة العربية في حل مشاكل الدول بعيدا عن التدخل الخارجي العسكريز قاد ذلك إلى إنهيار العراق إلي زعزعة لا يعلم منتهاها إلاالله في سوريا واليمن ولبنان والجزائر والسودان. ولولا تدخل مجلس التعاون الخليجي السريع والحاسم لكان حال البحرين وعمان هو نفس هذه الدول. كل هذا الإنهيار الذي يحدث في الوطن العربي أتي بسبب الأمين العام للجامعة العربية منذ نشأتها في عام 1945م والذي منذ نشأتها كان مصريا ما عدا الفترة التي انتقلت فيها الجامعة إلى تونس حيث كان تونسيا هو الشاذلي القليبي. فلو كان نظام الإنقاذ رفض ترشيح الفقي من هذا المنطلق لكان معقولاً ولوجد من يقف بجانبه حتى لا تزداد الجامعة العربية ضعفا وتصبح مكاتبها للمأكلة والمحسوبية. ولكن عدم موضوعية نظام الإنقاذ في وجوده كنظام جعلت منه رافضاً لأسباب شخصية لا تتعلق بمصالح الشعوب العربية.

قال نافع علي نافع مساعد رئيس الجمهورية، نائب رئيس المؤتمر الوطني لشؤون الحزب، أن ثبت على أحد منّا الفساد سنضربه رصاص في ميدان أبو جنزير. كانت هذه قناعات بفقه السترة وضعت كقيمة دينية. قال أن الانتخابات التي اجريت كانت أنظف انتخابات شهدها السودان. وقال أيضاً أن تفجر الحرب

بين الشمال والجنوب وارد، رغم أن الحرب ليس لها مبرراًإطلاقاً بعد الإنفصال. وأوضح أن الحركة الشعبية وكيل عن آخرين لعدم إستقرار الشمال حتى وإن كان خصماً على إستقرار الجنوب. وأرجع نافع في برنامج مؤتمر إذاعي، إحتمالية عودة الحرب إلى أن الحركة تقوم بدور الوكيل عن آخرين يسعون لزعزعة الإستقرار في الشمال حتى وإن كان خصماً على إستقرار الجنوب، وأشار إلى أنكثيراً من قادة الحركة يريدون أن يروا جنين دولتهم ويكفوا عن تلبية رغبات الآخرين. وآخرون يرون أنه لا مجال للحيلة العسكرية. وجزءٌ آخر يرى أن الخروج العسكري على الحركة في الجنوب هو التوجه الذي يراعي مصلحته. ولمواطنة محسومة تماماً ولا رجعة فيها ولا تردد، وأضاف: في التاسع من يوليو كل مواطن جنوبي في دولة الجنوب، وكل مواطن شمالي في دولة الشمال، وأشار إلى أن الشمال سيمنح الجنوبيين فترة الـ 6 أشهر عقب يوليو لتوفيق أوضاعهم. وزاد: ليست هنالك جنسية مزدوجة، والحديث عن الحريات الأربع والكونفيدرالية سابقٌ لأوانه. وقال نافع أن الملفات العالقة بين الشريكين يُفترض أن تُحسم قبل التاسع من يوليو 2011. وأضاف أن الفترة الإنتقالية ستنتهي بنهايتها سواء حُلت القضايا العالقة أم لم تُحل، وأشار إلى أن الـ 6 أشهر التي تلي الفترة الإنتقالية ستناقش القضايا الخلافية حال لم يتم التوصل فيها لحلول حتى 9 يوليو 2010. وإذا تجاوزت القضايا تلك المدة ستكون قضايا عالقة مثل كشمير رغم أنه وَضعٌ سيئٌ جداً، إلا أنّها ستصبح قضايا عالقة. وكشف نافع، عن مقترح تقدم به ثامبو امبيكي لحل قضية أبيي، وقال أن المقترح هو قسمة إدارية أبيي دون إستفتاء، وأشار إلى أنه قرار فيه خصم لحقوق الشمال والمسيرية، إلا أن الوطني قبل به في سبيل السلام، وأوضح أن التفاوض جرى حول القوات المدمجة في النيل الأزرق وجنوب كردفان، وقال أن الوحدات تحت التصفية، وإن الحكومة لن

تعترف بقوات مدمجة. إلى ذلك، قال نافع أن طرد الحركة الشعبية للعاملين في حقول النفط يتضرر منه الجنوب أكثر من الشمال، وأضاف: هؤلاء ليسوا مواطنين عاديين هم عمال وفنيون بالبترول، وزاد: مشكلتنا أن الحركة تتخذ قرارات بنزوات الأشخاص رغم ضعفهم وعدم موضوعيتهم، وأشار نافع إلى أن ملف النفط من أكثر الملفات العالقة المتوافق عليها بين الشريكين، لوجود أمثلة دولية عديدة في مثل الحالة السودانية، وأوضح أن الخلاف يكمن في عملية النقل والتصفية التي جميعها في الشمال والتي لابد للجنوب أن يدفع فيها مقابلاً للشمال، وأكد أن الحد الأدنى للإتفاق بين الطرفين سيكون حساب قيمة نقل البترول بالأموال أو نسبة من البترول. وحول الإشتباكات المسلحة في ولاية الوحدة، قال نافع: من نعم الله أن الحالة في الجنوب كتاب مفتوح، وأن الذين تشتكي لهم الحركة أمريكا ودول الغرب ،يعلمون الوضع تماماً في الجنوب وقابلية تفجر الأوضاع أكثر مما هي عليه. أرجع نافع صراعات الجنوب المسلحة إلى التهميش وهيمنة مجموعة سياسية عرقية داخل الحركة تسيطر على الحكم في الجنوب. ونفى بشدة أنتكون الخرطوم داعماً لحركات التمرد في الإقليم، وقال أن ما تذكره الحركة هو إدعاء بأننا ندعم بيتر قديت، قلواك وأتور وأنهم من القادة الأصليين في الحركة.وأكّد أنه لم ير أتور منذ أن كان ضابطاً إلا عبر الصحف، وقال: هذا إتهام ونحن لا نتهم، وإن الحركة لا تدعم حركات التمرد في دارفور فقط، بل إنهم موجودون في جوبا، ومني أركو مناوي يذهب ويخرج من جوبا، وقوات مناوي موجودة في راجا وشمال بحر الغزال.

أكد نافع علي نافع أن المشورة في منطقتي النيل الأزرق وجنوب كردفان لا تعني الإستفتاء إطلاقاً، وقال: مافي إستفتاء للنيل الأزرق وجنوب كردفان وغير وارد إطلاقاً ولا بدرجة واحد على ترليون أصلاً. وأوضح أن رفع مالك عقار لشعار الحكم الذاتي في النيل الأزرق أمانيه وأماني غيره، والمطالبة

بتجاوز المشورة لتصل إلى إستفتاء ليست قناعة جماهير الولايات، وقال: القيادة السياسية الحركة الشعبية إذا هي عايزة تنفصل عن برنامج الحركة التي تريد فصل المنطقتين كما فعلت في الجنوب وهو سراب بقيع. وإذا حدث العكس سيركبوا طريقاً وعراً جداً ولن يجدوا فيه صاحباً من الولاية، وسيصبحون معزولين. وأشار نافع إلى أن بعض قادة الحركة حريصون جداً في الإرتباط بالشمال من خلال الحركة، وأن طموحهم أن تظل الحركة جسماً واحداً في الجنوب والشمال: تحكم في الجنوب وتعبث بالشمال عبر السراب الذي يسمونه السودان الجديد. وقال: أبلغناهم بأنه في التاسع من يوليو الجنوب وما فيه من سياسة قطر آخر، وإن الحركة في الشمال حزب شمالي يسمي نفسه ما يشاء ونحن لا نعترف له بصلة بالجنوب ومن عدم الحكمة والحنكة الإصرار على الإرتباط. وأضاف أن من أسوأ ما يعيب تأييد عبد العزيز الحلو للترشح لمنصب الوالي في جنوب كردفان بإنتكاسة وإستفزاز حتى من بعض قادة الحركة في جنوب كردفان، تفجر الحرب بين الشمال والجنوب وارد، حزبنا قبل مقترح أمبيكي رغم إنه قرار فيه خصم لحقوق الشمال والمسيرية.

رَفضَ نافع مطالبة القوى السياسية المعارضة بالحكومة القومية أو العريضة أو الإنتقالية عبر الحوار الذي جرى بين الطرفين، وقال: ليست هنالك حكومة إنتقالية من طرفنا نحن ولم نناقشها مع حزب الأمة ولن نتفق على أية حكومة تسمى حكومة عريضة أو نحيلة أو قومية لتكون أداةً لتصفية النظام القائم، وجعل المؤتمر الوطني واحداً من الشركاء. وزاد: بيننا وبينهم الإنتخابات. وكشف نافع عن لقاءٍ رئاسي بين الرئيس عمر البشير والأمام الصادق المهدي لبحث النقاط التي تَوصّل إليها الطرفان فيما يجري من حوار بين الحزبين. ونَفى نافع أن تكون هنالك مُطالبات من المؤتمر الوطني بإطلاق سراح الترابي، أو مذكرة من الوطني بولاية الخرطوم وصلت المكتب القيادي للحزب. ورد على

سؤال حول التبرير لإعتقال الترابي، قال: معلوم في العالم أن صلاحيات الأمن إتخاذ قرار الإعتقال، وهناك غوانتانامو التي يحج فيها الذين يتحدثون عن الحريات والسجون السرية في أوروبا، وتابع: نحن لدينا وثائق ومعلومات، وزاد:الكل يعلم أننا لا نقبض شخصاً من فراغ، وأن أمر تقديم الترابي إلى محاكمة تقدير متروك للجهات المختصة والنيابات. قال نافع أن حزبه لا يجد حَرَجَاً في حواره مع الأحزاب المعارضة لتفكيكها، وأضاف: سأسعى لضم أي شخص فيه مصلحة المؤتمر الوطني، وتابع: نحن نرحب بأحزاب قوية أن وجدت، ولكن لن نَتَفَضّل عليها بعضويتنا، أو أن نغلق الباب في وجه منسوبيها الذين يأتوننا. وقال:نحن كسبنا كثيراً من التباين الذي لا يرتق في الأحزاب، وتوافد إلينا الكثير من قادتها. وأوضح أن الثوابت في حوار الوطني مع الأحزاب مسألة الشريعة، وزاد: الحكم الفيدرالي هو الأمثل ولكنه قابل للنقاش، ونرى مصلحة في النظام الرئاسي القائم ولا نقول هذا أو الطوفان، وتابع: إذا إقتنعنا بغير ذلك فنحن لا نعبد هذه البقرة. وأوضح أن حزب الأمة قدم ورقة تحاور فيها الطرفان، وقال نافع أن الورقة تمثل تحالف أحزاب جوبا كافة، وأضاف: نحن إتفقنا مع الأمة، وإذا كان الحوار يمثل كل المعارضة فنحن نرحب بذلك، أو يمثل الأمة، وزاد: سقف الحوار أن نتفق ويمكن المشاركة في الحكومة، وأوضح أن الإتفاق الذي تم مع الأمة عبر الورقة التي قَدّمَها الأخير في العلاقات الخارجية، بجانب أن الأمة يرى أن ولايات دارفور يجب أن تكون حاجة واحدة وتسمى إقليماً أو ولاية، وزاد: نحن نؤمن أن الولايات لن تقبل رجوعها إلى إطلاقاً، وقال أن حزبه إتفق مع الأمة على أنه لا خلاف إذا إتفق أهل السودان، وأشار إلى أن الخلاف مع الأمة كان في رؤيته حول المحكمة الجنائية الدولية التي يرى فيها أنها نظام عدل دولي يجب التعامل معه، وقال أن حزبه يرى غير ذلك، وأضاف: سوف يكون هنالك لقاءٌ رئاسيٌّ

للنظر في النقاط، ونفى نافع أن يكون حزبه يمنع تظاهرات الأحزاب المعارضة، وقال: المظاهرات فتحناها للأحزاب المعارضة قبل كدا وعرفنا حجمها الحقيقي.

قال نافع أنالرئيس عمر البشير قال مراراً وتكراراً إنه لن يترشح للرئاسة، وأنه متأكد أنها رغبته، ولكن نحن لا نشتغل برغبة الأفراد، ويمكن أن يرشح ويمكن ألا يرشح. وكشف نافع عن بداية لحزبه في مراجعة النظام السياسي، وأوضح أنه يمكن تعديل النظام الأساسي واللوائح، وقال أن التغييرات لن يوضع لها سقف، وأضاف: أنا أؤمن بالتغيير المقنن في دستور الحزب، والدولة التي تقف عندما أنجزت فهي ميتة، وأشاد بحزبه في نهضة البلاد من نواحٍ عديدة. كانت الأكاذيب التي يصدرها النظام هي المؤتمر الوطني أعاد للسودان طعمه ورائحته ولونه.كان هذا صادراً عن قناعة بأن الأحزاب ليست حية ولا تستطيع المنافسة في الانتخابات، وخروج قيادات الأحزاب ودخولها في المؤتمر الوطني دَليلٌ على أن تلك الأحزاب وأنها مَا عَادت لها الرؤية لهوية السودان. كان هذا الأقرب إلي الحقيقة لأن الأحزاب السودانية كانت هلامية القرار ومشتتة بالكامل. كانت قياداتها تأكل من وتلعق أيادي النظام. علي أن التغيير الذيأصبح ممكناً لا يمرنفاقاً وإنما إرادة قوية لمكافحة فساد العصابة. هذا رغم ما قاله نافع أنه لو عند قادة الإنقاذ أموال مثل حسني مبارك لا أبالي أن يضربوا في ميدان أبو جنزير. وحتي تأكيده أن قضية الفساد بالنسبة لحزبه قضية حرام وحلال وذمة وقضية مبدأ وأن فقه السترة قيمة دينية ينبغي إلا تكون وسيلة للتستر وأن الحزب يحاسب عضويته على قضايا الفساد، لم يعد أحداً يصدقه. قضايا فساد التي وردت في تقرير المراجع العام كانت تمثل حروب داخلية بين أعضاء العصبة. والمراجع كان يقدم تقاريره للمجلس الوطني دون أن يطلع عليها رئيس الجمهوريةلأنه يعلم جيداً بمن هو متورط واقربهم أخوانه وأصحابه وزوجتيه. رأي نافع أن تؤخذ القضايا لرئاسة الجمهورية

للنظر فيها واحدة واحدة، وأن تعلن بالتفصيل للناس. وقال نافع، إنّه من المؤسف إستقالة جبريل باسولي الوسيط المشترك، وأضاف: (لكننا لن نوقف حركة السلام في دارفور حتى وإن إنفضت الوساطة كلها)، وزاد: حتى إذا فشلت الدوحة لن نتخلى عن قضية دارفور في أيدي الآخرين، وأكد أن التغييرات في ليبيا إيجابية جداً على قضية دارفور، وشدد على أن إجراء الإستفتاء في الإقليم هو الوسيلة الوحيدة لحسم القضية. وأكد أنه ما من سبيل إطلاقاً لقرار إداري بالإتفاق بين الحكومة والحركات لإقامة إقليم بدارفور، وقال أن الذين يتحدثون عن تأجيل الإستفتاء حتى يَتم الإتفاق في الدوحة خاطئون،وأكّد أن الدوحة لن تصل إلى نتيجة إلى أن يحسم أمر الإستفتاء. وأشار إلى أن الحركات ستحاول منع الإستفتاء، ولكنها لن تستطيع. وأكد نافع أن الحكومة تفاوض الحركات لأنها تريد إعترافاً إقليمياً ودولياً بنهاية قضية دارفور، وزاد: حال تعذر ذلك سنتجاوزها. وقال أن الإعتراف الغربي المغرض صاحب المصلحة في قضية دارفور لإضعاف السودان وتمزيقه عبر قضية دارفور هو الذي جعل من الحركات تكون في فرنسا وغيرها، وان الحركات تعلم أنه لا وجود لها في دارفور، ولا وجود عسكري، أو سياسي. وأكد إستعداد الحكومة لفتح حوار مع أي شخص له وجهة نظر في مسألة الإستفتاء وقال (نحنا شغالين سياسة، والذي يتطاول علينا في بعض الأحيان سنرد له)، وإن القرارات ترجع للحزب وليس لديه قرار. أكد نافع أن حكومته تسعى إلى علاقة سوية مع أمريكا، تقوم على الإحترام المتبادل، وقال: لا نرغب في أية علاقة بأن نكون ذيلاً لأحد أو تابعين، وأضاف: لكن أمريكا لا تريد علاقة على المنهاج السوي، وأبدى نافع عدم تفاؤله بعلاقات جيدة معها بل بالعكس. وقال أن أمريكا تهادن من أجل الوصول لإستقلال الجنوب، ودعا إلى أن تقوم العلاقة مع أمريكا على ركيزتين،

الأولى أن البلدان وتقديرها لنفسها، ومن جراء التوجه المسلم سوف يحمل أمريكا لأن تعيد حساباتها، وأشار إلى بناء قوي بدأ يتحدث عن إنحياز أمريكا، الأمر الذي سيقود إلى أن تستعدل سياسة أمريكا. وقال أن بدائلها متاحة، لماذا يذل الناس أنفسهم. وأبدى نافع عدم تفاؤله بعلاقات جيدة معها بل بالعكس. وفي السياق، وصف نافع أن الأمانة المسؤولة بالحزب عن الحوار مع الأحزاب مرتبة جداً، وقال أن مبادرة مستشارية الأمن القومي حاولت أن تقول إنها من الحزب، ولكن الحزب أوضح أنها ليست قضيته، وعادت وقالت إنها بتكليف من الرئيس عمر البشير، وتأرجحت في ذلك، ونرى أن الأحزاب إنسحبت من حولها. وقال أن حوار المستشارية لم يجد القبول الكبير لأنه إتضح أنه ليس حواراً مع المؤتمر الوطني.

10. الفساد والضرب بالرصاص

Corruption and Getting Shot

في مطلع سبتمبر 2013 أعلنت قرارات زيادة أسعار السلع الأساسية ومن أهمها مشتقات البترول والخبز وغيرها.وارتفعت المعدلات الضريبية داخلياً وجمركياً علي كل شيئ. لم تكن هذه الاجراءات المبنية علي وصفة البنك الدولي وصندوق النقد الدولي تتضمن تخفيض أيًا من مخصصات الدستوريين الذي أقسم أحد النافذين أن عددهم لا يقل عن 30,000 فرد ولا سياراتهم التي يصل عدد ما هو مخصص لبعضهم إلي خمسة سيارات. لم يتنازل أحدهم عن إمتيازاته ولم يتم تخفيض أعدادهم.كانوا جيوشاً من الطبقة الحاكمة تعبش علي امتصاص دم الأمة ولم يكن هناك من فيهم من يقبل أي إنتقاص من مكتسباته. وكانت موارد الأمة هي فريستهم وليذهب كل أفراد الشعب للجحيم. وحين نزل أفراد الشعب السوداني إلي الشوارع يوم 23 سبتمبر

2013ليغبروا عن غضبهم بعد أن اتضحت الرؤية تماماً أنهم يتم استنزافهم إلي حد مماة الأمة، صدرت الأوامر لقوات الأمن والشرطة بالتصدي لهم بالرصاص الحي والقتل. تم اطلاق الرصاص كما أتي في الأوامر بضربهم في رؤوسهم أو صدرهم. قتل ما يزيد علي 220 من الشباب والشيوخ، والمخزي أنه كانت هناك نساء في صفوف من قتلوا. كان هذا العدد ضحايا ثلاثة أيام فقط من الاحتجاجا. كان من الواضح أن تأصل الفساد وأنانية الفردية أصبحت شعاراً دفع العصبة لكي تتبني زيادة الضرائب علي كاهل المواطن الذي كان قريب من الانهيار التام. تحت أعباء المعيشة. ولكن القسوة كانت عنوانًا لا يمكن تخطيه من زبانية النظام. شاهدت فيلما وثائقيا لأحد الجنود اليابانيين الذين حاربوا في الصين إبان الحرب العالمية الثانية. وكان الرجل يروي بألم بالغ كيف أنه كان يفتح المخابيء التي يهرب إليها الصينيون وكانت عادة على شكل حفر مقفولة بغطاء من القصب. وعندما يجدهم هناك، نساءاً وشيباً وأطفالاً يرمي فيهم قنبلة يدوية ويغلق باب المخبأ عليهم حتى تفتتهم القنبلة إربًا إربًا. كان الرجل الثمانيني يروي هذه القصص المروعة ودموع غزيرة تهطل من عينيه وهو يردد لا أعرف كيف كنا نقوم بذلك.لقد كانوا بشراً عزلاً من السلاح. ويستطرد قائلا، اللعنة إنه نوع من غسيل المخ الذي كنا نتعرض له للإستعداد النفسي للحرب. لقد كنا ببساطة لا ننظر إليهم كبشر كنا نراهم كحشرات قذرة يجب سحقها لذا كان لا يهتز لنا جفن ونحن نطاردهم من مخبأ إلى مخبأ ونرمي فيهم تلك قنابل المدمرة. ولا يختلف الوضع في باقي السودان كثيراً.كانت القوات النظامية تلقي بالبراميل المتفجرة علي قري السكان الآمنين لأن قوات المعارضة كانت مثل الأشباح لا تظهر إلا لتضرب مباغتةً بقوة وقسوة. وفي الحضر كانت السلطة تفرض الضرائب الباهظة، بحجج مختلفة وتسلط قوات شرطة النظام العام لتجلد الشباب والشابات تحت أي ذريعة.

ومع ذلك كانت عاجزة عن أن تقدم أي خدمات حقيقية للمواطن من صحة وتعليم ومواصلات أو جتي توفر الأمن.

في خريف 2013 الذي كان ما زال يروي أراضي السودان الخصبة بلغت السيول الزبي وهطلت الأمطار وفيرة بعد أن كاد السودانيون يقنطون من موسمهم الزراعي. قبيل الامطار الغزيرة صلى الكثيرين صلوات الإستسقاء وطال إنتظارهم للمطر، حتى صرح البشير قائلاً إن الله لن يستجيب لصلواته لأن أياديه وحكومته ملطخة بدماء السودانيين الأبرياء. وكان اعترافاً صريحاً بالقتل ومن رئيس الدولة وعلى رؤوس الأشهاد. علي أنه مضي يجلس علي كرسيه ويسكن مكتبه في القصر الجمهوري دون أية تبعات قانونية أو أخلاقية. كشفت أمطار يوليو وأغسطس 2013 عن سوءات هذه الحكومة وفسادها، وهي التي فاجأها الخريف للمرة الـ 24 من عمرها المديد. توالت إعترافات المسئولين التي لا تؤدي إلى محاسبة، حيث أعلن الوالي عبد الرحمن الخضر أن الطرق في ولايته لم تبنى حسب المواصفات العالمية وأن هنالتقصيراً ضخماً في التخطيط أدى إلى مفاقمة آثار الفيضانات والسيول في الولاية. لكنه لم يتخذ الخطوة التي يجب أن يمليها مثل هذا الإعتراف الخطير بالتقصير وهو الإستقالة وإتاحة الفرصة لآخرين حتى وإن كانوا من المؤتمر الوطني لتولي المسئولية التي عجز هو عنها ولم يوضح حتى أسبابها. والمؤسف أن عبد الرحمن الخضر وحزبه رفضوا رفضاً باتّاً أن يعلن أن بلدهم السودان يعاني من كارثة حتى تتداعى له الدول بالدعم. وقد إستن الخضر تعريفا جديدا للكارثة، حيث قال ان الكارثة هي التي يروح ضحيتها نصف السكان ولكن ما حدث هو أزمة. ولم يوضح عالم الكوارث والأزمات هذا من أين أتى بتعريفه المضلل للكوارث. كارثة التسونامي العالمية التي ضربت المحيط الهادي في العام 2004 راح ضحيتها 300 ألف شخص في عدة دول آسيوية مجموع سكانها يقارب الـ 2 مليار

نسمة، ومع ذلك سميت كارثة. وكوارث الزلازل في إيران وتشيلي وأمريكا وتركيا سميت كوارث مع إن ضحاياها البشرية لا تبلغ عدة آلاف من البشر. لقد قتل العشرات من السودانيين وفقد ما يقارب ربع مليون مواطن منازلهم وغرقت زراعتهم ولا يملكون قوت يومهم فإن لم تكن هذه كارثة فما الكارثة يا ترى. لكن إن عرف السبب بطل العجب. الأخوان المسلمين وأشباههم من الأحزاب الأيديولوجية كانت ترى الآخرين كحشرات وتُسقِط منهم صفة الإنسانية التي تستوجب الإنتصار لهم والإحساس بآلامهم والتفاعل معهم. وبدون عملية نزع الإنسانية يكون من المستحيل على أناس يحفظون القرآن بقراءاته السبعة أن يتعايشوا مع ظلم مواطنيهم وبني جلدتهم كما يحدث في السودان اليوم. وكي تستمر في الحكم دون أن ينتابك أي تأنيب للضمير يجب أن ترى الضحايا في درجة أقل من استحقاق الحياة. لذاكان حديث البشير عندما تحدث عن ضحايا دارفور خالياً من العواطف الإنسانية حينما فنّد أعداد الضحايا قائلا: الإعلام الغربي يقول أن ضحايا دارفور 300 ألف شخص ودي مبالغة يا جماعة ضحايا حرب درافور حوالي 10 ألف بس. الكلمة الأخيرة تفتح صندوق العجائب لتخرج منه كائنات بعيدة عن الإنسانية أمثال عبد الرحيم محمد حسين ونافع علي نافع وعلي عثمان وصلاح قوش وبقية العصابة الذين يقتلون المئات من السودانيين يومياً وينامون نوم قرير العين. كأن قتل 10 آلاف من البشر أمر عادي لا يستوجب العقاب.

الإشكال المعقد في نفسية الأخوان المسلمين يكمن في التربية الحزبية وغسيل المخ الذي يتعرض له هؤلاء منذ نعومة أظفارهم في الحركة الاسلامية عبر المعسكرات الدعوية ودروس التوجيه، فكما يذكر حيدر ابراهيم علي في كتاباته عن الإسلاميين إن الوحدة التنظيمية الأصغر في الحزب هي الأسرة والعضو داخلها هو الأخ، وهي تعبيرات متعمدة القصد منها أن يستبدل الإنسان أسرته

وإخوته بالأسرة الأخوانية وتصبح هي الفلك الذي يعيش فيه يهيم في حبه. بذلك ينقطع عن مجتمعه الذي كفّره مفكرهم سيد قطب، فيصبح المجتمع كافراً في نظرهم وأفراده حتى المسلمون منهم كفرة يسهل الفتك بهم وسفك دمائهم. هذه نفسية مشوهة كهذه لا يمكن أن نتوقع منها صلاحاً سهلاً فهذه نفوس تعاني إنشراخات نفسية عميقة، فتكون حانية وعطوفة مع محمد الدرة وشيخ ياسين في فلسطين، بينما تصبح وتمسي على قصف العزل في جبال النوبة والأنقسنا دون أن يرمش لها طرف. ويرسل رئيسها عشرات الآلاف من الخراف كهدية لمصر بينما يتضور شعبه من الجوع. الإشكال هنا ليس عنصريًا فقط، بل هو معادي للإنسانية بشكل عام. الكثيرون من ضحايا السيول في شرق النيل من أبناء الشمال النيلي ولكن حتى هذا لم يشفع لهم لدى عبد الرحمن الخضر ورفاقه الذين يشتركون معهم عرقياً ولكن يختلفون معهم أيديولوجياً وسلطويًا. لذا فهؤلاء بعد أن غرر بالكثيرين منهم في حروبات الهامش كعرب وأولاد بلد ضد هامش زنجي، أهملوا تماماً في كاثة السيول والأمطار. ليس بينهم وبين أبناء غرب السودان من قبلهم بعد شيئ أن جندوا لحرب إخوتهم في جنوب الوطن حتى إنفصل هذا الأخير عن بلدنا المكلوم. تكشف 24 سنة من حكم الإنقاذ عن فساد الجماعة وإفتقادها لأي مشروع يمكن أن يقدم السودان إلى الأمام. وشهدنا التزوير والتدليس وتشويه المفاهيم وإفراغ الكلمات من محتوياتها. عايش الشعب السوداني شعارات نأكل مما نزرع ونلبس مما نصنع. والشاهد إن المشاريع الزراعية الكبرى هدمت حتى بلغ إنتاج مشروع الجزيرة 15% من إنتاجيته وبالطبع أدي ذلك وغيره من السياسات الفاشلة إلى إغلاق معظم مصانع الغزل والنسيج ونسف ذلك الجزء الآخر من الشعار السالف الذكر. لكن الأخطر هو الإستخفاف بالكوارث التي عصفت بالبلاد والعباد. فالحرب في إعلام الوالي الخضر وزمرته

فجوة أمنية. إبتلعت تلك الفجوة الأمنية كل الجنوب ثلث البلاد، ربع السكان، 75 %من الثروات النفطية، و80% من الثروات الغابية. والمجاعات التي ضربت مناطق عديدة في السودان كانت فجوات غذائية إبتلعت عشرات الآلاف من المواطنين. ولا تزال فجوة دارفور دامية في خاصرة الوطن. أما كارثة السيول والأمطار الماثلة حاليا والتي تسبب فساد السلطة في مشاريع البني التحتية في تفاقم آثارها، فهي في عرف الخضر وزمرته أزمة. المحزن والمؤسف أنه حتى خلال هذه الكارثة كانت نظرة الأخوان المسلمين إلى شعب السودان كأنه كوم من الحشرات يستأهل المزيد من السحق. سرقت الإغاثات من مطار الخرطوم كي تباع في السوق السوداء وتوزع البقية على أعضاء المؤتمر الوطني ممن أصابتهم هذه الأزمة في شرق النيل وغيرها من المناطق. هذا ما صرح به المتأثرون لناشطي قرفنا بأن لا يعطوا مساعداتهم للجان الشعبية لأنها ستوزعها على منسوبيها من المؤتمر الوطني فقط وليس على المحتاجين[7]. أما مواد البناء فقد سارع متنفذوا السلطة إلى تخزينها لرفع سعرها وكان الأجدر أن تلغي الحكومة منها كل الضرائب والجبايات مؤقتاً لمكافحة آثار الأزمة (الكارثة) وكي يتمكن الناس من إعادة بناء منازلهم. وبينما الناس مشغولون في الحصول على الطعام وترميم الجالوص يجيز الخضر وزمرته في هذا التوقيت الحرج ما

---

[7]نشرت صحيفة الانتباهة القريبة من السلطة خبراً أن مدير أحد الجامعات كلف بتكوين قافلة إغاثة لتتولي توزيع معونات وصلت إلي مطار الخرطوم. وحملت الوزارة مواد الإغاثة إلي الجهة التي وجهها إليها ذلك المدير. وعندما وصلوا وجدوا أنها قرية مبنية من الأسمنت والفولاذ وشكلها عصري ذات طوابق ولم تكن هناك آثار لأي سيول ولا فيضانات. وبدأ العمال في إنزال مواد الإغاثة إلي إحدي المخازن. حينها احتج قائد القافلة أن هذا ليس صحيحاً. تم إيقاف التخزين بعد أن إمتلأ المخزن وبعد انتشار عدوي الاحتجاج.وركب المدير الذي جاء ليباشر العملية سيارته وهرب راجعاً إلي مكتبه في الخرطوم. ورجعت القافلة إلي الجامعة في الخرطوم. ورغم انتشار هذه الواقعة بين كل سكان العاصمة، لم يحاسب أحد مدير الجامعة ولم يفصل ولم يؤنبه أحد. والعبرة هي أن عام 2013كان يشهد انعدام الأخلاق بالكامل ولم يعد أحداً يغطي علي فساده أو سرقاته بل أنه كان أمراً مشروعاً بين أفراد العصابة.

أسموه زوراً برفع الدعم عن المحروقات لكي يتسنى رفع أسعارها بينما تئن الميزانية تحت بند الأمن الذي يبتلع 70% منها، إن ما يمارسه المؤتمر الوطني حيال السودانيين بجميع أطيافهم هو نفس ما مارسه الجنود اليابانيون من جرائم تجاه الصينيين في الحرب العالمية الثانية، ومهما بعدت مخابئنا من جيوش الكيزان الغاشمة فلابد إنهم سيلقون قنابلهم الحارقة كي تقتل الناس كما يحدث يوميا في فيافي السودان واصقاعه المختلفة وكما حدث في شرق النيل وأحياء العاصمة الطرفية، ولن يشفع لأي شخص عرق أو لون، ففهي عرفهم كل من هو خارج تنظيمهم ناقص الآدمية يمكن قتله وسحقه.

كان الغلاء بسبب أو غير سبب فاحشاً ونشرة أسعار اللحوم والخضروات والفواكه في مرحلة ماقبل رفع الدعم المزعوم.كانت تبث أسعاراً خيالية في بلاد يفترض بها الوفرة. وحسب التاريخ والجغرافيا والطبيعة وتركيبة إنسانها الزراعية والرعوية يفترض أنها بلاد هي قفة خضار العالم وزريبة لحومه ومورد فاكهته. والغريب في الوقت الذي نجد فيه السلع التي يحتاجها الإنسان البسيط لمائدته الوحيدة في أغلب البيوت مرتفعة الثمن كاللحوم التي وصل سعر الضان منا 60 جنيها والبقري 50 جنيه والخضروات ما بين ال20 إلى 30 جنيه، نجد أن الفواكه هي الأرخص. هذا مع أنها لاتعنى تلك الطبقة في شيء بإعتبارها معروضة حصرياً لأهل الجيوب المنتفخة. من قال أن الثورة القادمة ليست ثورة جياع فإنه دون شك يخالف الحقيقة الماثلة في مجتمعنا السوداني الذي أذاقه الأخوان المسلمون الجوع مرتين. كانوا يخفون السلع ويرمونها في البحر بغرض هدم نظام مايو من الداخل حينما تسللوا إليه. وعلى مدى ربع قرن من حكمهم أحالوا ثلثي الشعب إما إلي جائع في الداخل وإما متسولاً للقمة العيش في بلاد الغير وبأية شروط مهما تكن الخبرة والمؤهلات. كان تبرير النظام أنه إختار عدم التسول. ولذلك قرر أن يحيل بقية الشعب من غير أهل الحظوة

إلى شحاتين لوجبة ربما تكون دون مستوى الكمونية والسخينة والبوش. وفي ظل غلاء المواصلات والنقل المتوقع مع قرارات الحكومة ستصبح حتى تلك الوجبات الهزيلة أمنية مستحيلة بعيدة المنال على الذين كانوا يشتهونها أصلاً مع عمر حكم الإنقاذ. صار هماً في العقول وخواءً في البطون وتكالب فيه جوع المصارين على الناس مع جوع الحرية والكرامة والسلام والوحدة والخدمات واللحُمة الإجتماعية وعودة الفضائل والأخلاق والقيم والإستقرار في البلد الذي سلبه نفرٌ قليل. كان ذلك تحديًا لصمت الغالبية التي هدها الجوع فأستكانت لمن جوّعها خلف اللهث لسد الرمق ولم توجد حتي لعنات في السر لمن أهان المواطن البسيط. فهل يمكن أن تشب نيران ثورة جياع يحركها شباب يخرج من دهاليز الضياع والبطالة إلى أيام زمان.

قطع نافع علي نافع نائب رئيس المؤتمر الوطني لشؤون الحزب بنهاية الفترة الانتقالية في موعدها سواء حلّت القضايا العالقة أو لم تحل، معتبرا أن الحديث عن محاربة الفساد محمدة بين الإسلاميين، مؤكداً أن من يثبت عليه الفساد سيجد جزاءه، ولم يستبعد عودة الحرب بين الشمال والجنوب في ظل استمرار الخلافات بين الشريكين بشأن ترتيبات ما بعد الانفصال وأبيي.وأكّد نافع الذي كان يتحدث لبرنامج مؤتمر إذاعي الأسبوعي أن أبناء الجنوب المقيمين في شمال السودان، سيعاملون كأجانب عقب التاسع من يوليو إلى حين توفيق أوضاعهم في الشمال أو العودة للجنوب مؤكداً عدم وجود أي اتجاه لتمديد الفترة الانتقالية بصرف النظر عن اكتمال الاتفاق حول القضايا العالقة. وقال أن الحديث عن الفساد يجب إلا يكون دون شواهد، لافتاً إلى أن الفساد اقتصادي وإداري وليس قضية سياسية ولا يمكن الحديث عنه دون تقديم الأدلة والبراهين وقال أن ثبت على أحد منّا الفساد سنضربه رصاص في ميدان أبو جنزير. وانتقد مستشار رئيس الجمهورية قرار حاكم ولاية الوحدة

المنتجة للنفط في الجنوب، القاضي بطرد العمال الشماليين في حقول النفط بالولاية، واتّهم عناصر داخل الحركة لم يسمها باتخاذ قرارات فردية دون الرجوع إلى قيادة حكومة الجنوب. ووصف نافع القضايا العالقة بين الشريكين بالمعضلة، وقال أن الفترة الانتقالية ستنتهي في موعدها المحدد سواء حُلّت القضايا أم لم تُحلّ، مشيراً لفترة ستة أشهر لتوفيق الأوضاع وإن لم تحل خلالها القضايا فستظل عالقة مثل كشمير بحسب قوله وأكّد نافع تمسّكهم بمنبر الدوحة، مشيراً إلى أن الحركات المسلحة في دارفور لا وزن لها على أرض الواقع، وأنّها صنيعة الإعلام الغربي والمجتمع الدولي.

اعترف نائب رئيس المؤتمر الوطني نافع علي نافع بان حوار مستشارية الأمن مع القوى السياسية لم يجد القبول، واكد أن حزبه لن يقبل بأن يكون أقلية في أية حكومة قادمة سواء عريضة أو قومية إلا عبر الانتخابات، وحدد أن نقاط الخلاف بين الحزب الحاكم وحزب الأمة القومي انحصرت في اصرار الاخير على التعامل مع الجنائية والعودة إلى نظام الاقاليم الستة. واعتبر مجرد وجود المراجع العام مفخرة تحسب للإنقاذ، وقال أنها أول حكومة تسمح بذلك، وقال أنه لا يبالي بضرب المفسدين في ميدان ابوجنزير، أن ثبتت عليهم شبهات الفساد. وكشف أن 71% من مواطني ولاية النيل الازرق يؤيدون الحكم الفدرالي، طبقا لدراسات واستطلاعات ميدانية موثوقة، موضحا أن خيار الحكم الذاتي غير مطروح نهائياً، واستبعد حدوث اخت راق يقود إلى تحسن علاقات السودان بالولايات المتحدة الأمريكية. واتهم نائب رئيس المؤتمر الوطني خلال برنامج مؤتمر اذاعي أن قيادات من الحركة الشعبية، لم يسمها، بالسعي إلى جر الشمال للحرب واثارتها بالوكالة عن آخرين، وقال أن هنالك مجموعات قبلية وسياسية تسيطر على مفاصل الحكم في الجنوب تثير الغبن لدى المجموعات المتفلتة هناك، وأضاف اميركا تعلم الحقائق ونحن لا ندعم تلك

المجموعات، وتعهد بعدم التعامل بردود الافعال مع المواطنين الجنوبيين في الشمال. ورأى نافع، أن فترة السماح التي تلي الفترة الانتقالية كافية لتوفيق الاوضاع وترتيبها بشكل نهائي، وقال أن لم تحسم القضايا العالقة فانني لا استبعد نموذج كشمير، وهذا وضع سيئ غير مقبول ولا يوجد مبرر لحدوثه، إلا اذا تعنتت الحركة الشعبية، وشدد أن الوصول إلى مرحلة تطبيق الحريات الاربع مطلوبة بشدة، وتساءل لماذا لا تكون عشر حريات؟ واستدرك لكن يجب أن تنظر الحركة لمصالحها بشكل جيد، وتبحث عن جوار آمن بدلا من التصعيد وايواء حركات دارفور. واشار إلى أن قيادات في الحركة الشعبية صوبت انتقادات حادة للقيادة السياسية في حكومة الجنوب بسبب بقاء رئيس حركة تحرير السودان مني اركو مناوي وقواته بمنطقة راجا وشمال بحر الغزال، مطالبين بوجوب مراعاة مصلحة الجنوب وتجنب دعم الحركات الدارفورية. وكشف نافع أن رئيس لجنة حكماء افريقيا ثامبو امبيكي دفع بمقترحات لحل نزاع أبيي باقتسامها اداريا بين المسيرية والدينكا نقوك، مؤكدا ترحيب الحكومة بالمقترح رغم كونه خصما على الشمال لكن في سبيل السلم نرحب بذلك. واكد أن الترتيبات المتعلقة بقضايا النفط تم حسمها بشكل كامل ابتغاءً لمصلحة الطرفين، مشيرا إلى أن هناك طرفا ثالثا وهي شركات النفط لا بد من مراعاة حقوقها وامتيازاتها. وحول المشورة الشعبية، كشف نافع أن 71% من مواطني ولاية النيل الازرق يؤيدون الحكم الفيدرالي بشكل قاطع، طبقا لدراسات واستطلاعات ميدانية موثوقة اجريت في 112 مركزا من جملة 116 مركزا، موضحا أن خيار الحكم الذاتي غير مطروح نهائياً، وأضاف أن كانت هناك آراء بنقص الخدمات والتنمية يمكن للمفوضية أن تحمل رؤاها إلى المركز. لكنه استبعد بشدة اجراء استفتاء في المنطقتين، قائلا أن من يتشدقون بمثل هذه الاشياء هذه امانيهم وهي مجرد تكهنات وسراب بقيعة

بتحويل المنطقة إلى جنوب، وزاد سيرتادون طريقا وعرا. وسخر نافع من حملة مرشح الحركة الشعبية لمنصب الوالي بولاية جنوب كردفان عبدالعزيز الحلو، وقال انا مندهش من تدشين الحملة الانتخابية على يد رئيس مجلس تشريعي من بلد آخر، وتابعبالتأكيد سيفقد شعبيته. وحول مفاوضات الدوحة، رأى نافع أن المفاوضات لن تصل إلى محطاتها النهائية إلا باستصحاب نتائج استفتاء اهالي الاقليم، وزاد أنهم خاطئون. الدوحة لن تصل إلى نتيجة إلا بحسم اقليم دارفور. واكد أن تواجد اطراف اتفاقية ابوجا كاف لتنفيذها واجراء الاستفتاء لجهة اكتمال بنودها ونصوصها المتعلقة بالترتيبات الأمنية وعودة النازحين، وقال أن تنفيذ الاستفتاء ضروري لتوطين وعودة النازحين وليس العكس، مشبها المسألة بـ فزورة البيضة والدجاجة، وأضاف أنه لا سبيل لموافقة الحكومة على اتفاق اداري حول الاقليم الواحد، وتابع سنمضي لاستكمال وثيقة سلام دارفور لتكون جاهزة في الحوار الدارفوري الدارفوي.

قال نافع، أن ارهاصات استقالة الوسيط المشتركة جبريل باسولي لن توقف عملية السلام حتى لو انفض الوسطاء، وقال أن انتزاع الاعتراف العالمي والاقليمي هو الاهم وليس ارضاء مجموعة من الحركات التي لا وجود لها عسكريا على الارض، وذكر نحن نتفاوض من أجل السلام وهذا لا يعني الاعتراف بتلك المجموعات التي تتخذ من فرنسا وبريطانيا مقرا لها. وحول الحوار الذي يجريه المؤتمر الوطني مع أحزاب المعارضة، قال نافع ليس بالضرورة المشاركة في السلطة اذا اتفقوا على الثوابت في قضايا الشريعة وشكل الحكم بعد أن وضعنا في رائحتنا ولوننا. ووصف نافع الحكم الاتحادي رغم كلفته بالجيد إلا أنه عاد وقال أنه قابل للنقاش مع القوى السياسية، وأضاف نحن لا نقول اما هذا أو الطوفان ولكن رؤيتنا نراها قوية واذا رأينا الصواب في غيرها فاننا لا نعبد هذه البقرة. وجزم بأن الانتخابات كانت أنظف انتخابات شهدها

الــسودان، مؤكـدا أن التحـدي الحقيقي تقـديم حـدث تاريخي للعالـم مثـل الانتخابات الماضية والحشود التي فوضت المؤتمر الوطني. وقال نائـب رئيس المؤتمر الوطني أن حزبه قدم تجربة ثرة، مثبتا أن الاغلبية الميكانيكية لا تمنع تباين وجهات النظر ولا يوجد تقديس للقيادة الكاريزمية، واكد أن الجمع بين المنصب التنفيذي والحزبي يخضع لمناقشات داخل مؤسسات الحزب، بجانب تحديد دورات محددة للمواقع القيادية، وزاد القول بانه لا بديل لاشخاص في بعض المواقع غير مقبول ومن الوارد تقنين المقترح في الدستور أو دستور الحزب. وشدد نافع أن مفاوضاتهم مع حزب الأمة لا تقتصر عليه فقط بل تأتي من أجل ايجاد أرضية مشتركة مع تحالف المعارضة، واقر بوجود نقاط خلاف مع الأمة تتعلق بالمحكمة الجنائية والاقاليم الستة، واوضح أن حزب الأمة يرى ضرورة الاعتراف بالمحكمة الجنائية باعتبارها منظمة عدلية دولية، بينما يرى المؤتمر الوطني عكس ذلك، كما يطالب حزب الأمة بالعودة إلى نظام الاقاليم الستة في ظل ايمان الحزب الحاكم بان الولايات لن تتقبل المقترح. وقطع نافع بعدم تكوين حكومة انتقالية أو قومية لجعلها اداة لتصفية الحسابات وتحويـل حزبـه إلى اقليـة داخلهـا، وقـال أن كانـوا يريـدون ذلك فعليـهم أن ينتظروا الانتخابات القادمة، واضاف: أعدهم بأنها ستكون نظيفة، وأن الأحزاب السياسية ليست لديها ارادة حول هوية اهل السودان وخطابها مرتبك. ودافع عن تصريحاته السياسية ضد خصومه، وأضاف نحنا شغالين سياسة، ولا يمكن أن نترك من يتطأول علينا من بغاث الطير بكلامه.

واعترف أن حوار مستشارية الأمن لم يجد القبول من الأحزاب بعد أن رأت أن حوارهـا ليـس مـع المـؤتمر الـوطني وجـاء بمبـادرة مـن جهـة تنفيذيـة. واعلـن عـن قيـام مؤتمر عاموقال أن اعادة ترشـيح البشير لرئاسـة الجمهورية متـروك لمؤسسـات الحزب وليـس لرغبـة الافـراد. وحـول القضايا المتعلقة

بالفساد، اعتبر نافع أن مجرد وجود المراجع العام مفخرة تحسب للإنقاذ، وقال أنها أول حكومة تسمح بذلك، وأضاف الإنقاذ اعادت للسودان طعمه ورائحته جراء النهضة الفكرية والذاتية. واكد أنه لا مقارنة بين قيادات الحكومة مع نظامي مبارك وبن علي، وزاد هل تتوقعون أن يكتنز قيادات الإنقاذ الأموال كتلك التي ضبطت بحوزة رموز نظامي مبارك وبن علي، وأضاف إن كانوا كذلك لا ابالي أن يضربوا في ميدان ابوجنزير. ورأى أن محاربة الفساد مرحب بها في اوساط الاسلاميين، إلا أنه عاد وقال ينبغي ألا يكون حديثا بدون شواهد، وأضاف أن قضية الفساد تحتاج إلى تشريح، وربما لديهم قناعات بفقه السترة كقيمة دينية، إلا أنه عاد وشدد بعدم التذرع به والسكوت عن التجاوزات حال ضبطها.

وجزم نافع بعدم تفاؤله بحدوث اختراق يؤدي إلى تحسن العلاقة مع الولايات المتحدة الأمريكية، وقال أنهم يبتغون علاقة تقوم على الذاتية وليس التبعية والذيلية من أجل ارتباطات اقتصادية أو فكرية، وأضاف نعلم أن أميركا لها قدرات اقتصادية ولكنها تهادن من أجل ضمان استقلال جنوب السودان، مشيرا إلى توفر بدائل اقتصادية وتكنولوجية متاحة للجميع دون اهانتها.

استقل الجنوب وذهب إلي حال سبيله، ولكن السلام لم يحل علي السودان. كانت هناك الحركة الشعبية، الشمال وأبناء جبال النوبة وأتت حركة العدل والمساواة من دارفور لتؤازرهم. وكانت هزائم القوات النظامية أمامها متعددة.

قام صديقي، الذي كان من ركائز الحركة الإسلامية حتي قيام انقلاب الإنقاذ، من فراشه وقال ثائراً هل تعتقد أن القهر والانتقام الحربي سوف يهزم قبائل النوبة. أبداً وألف لا. لقد هجمت عليهم قوات النوبة في قاعدة جبل الدائر مع بشائر الصباح وكان الهروب عظيماً. تركوا كل معداتهم العسكرية وسياراتهم

وفيها 300 سيارة دفع رباعي ومدافع طويلة المدي ورشاشات بكل أنواعها وذخيرة وتموين يكفي كتيبتين لمدة شهر. وأصبح جبل دائر الذي يحكم كل ما تحته عسكريا وميدانياً من مدن: أم روابة والسميح وحتي الأبيض.صحيحاً كانت الهزائم كبيرة وتلقتها مليشيات جهاز أمن حزب البشير مؤخراً في منطقة البوطة وبابنوسه وابوكرشولا. أودت بحياة عدد من القتلى والجرحي فضلا عن وقوع أسرى في ايدي قوات الجبهة الثورية. قتل حوالي 50 من ضباط وضباط صف وجنود من الجهاز في مكان واحد بالقرب من منطقة لقاوة عندما كانوا في مهمة غير معلومة العواقب لإعتراض قوات حركة العدل والمساواة المتحركة من بابنوسة إلي البوطة. أحدث ذلك إنقسام وسط ضباط وضباط صف وجنود الجهاز بين مؤيد للمدير العام محمد عطا الذي يحاول الزج بالمزيد منهم في أتون الحرب ليرضي قيادة النظام، وبين نائب المدير العام محمد حبيب الله الذي يرى ان القتال مهمة القوات المسلحة. أما جهاز أمن الحزب فـيمكنه المساعدة فقط. أطاحت الأزمة بالعميد مصطفى علي دياب، مدير أمن جنوب دارفور، والعميد محمد عثمان فضيل، مدير أمن شمال كردفان. وشكلت لجان تحقيق طالت نائب المدير العام وآخرين. وقال أن عدوى الخلافات والانشقاقات إنتقلت إلى صفوف القوات المسلحة، إذ بدأت مجموعات كبيرة ومؤثرة ولأول مرة بالعصيان ورفض التعليمات، وتواصلت حمى المذكرات داخل الجيش إذ تقدمت مجموعة من ضباط وضباط صف وجنود، بقيادة قائد الكلية الحربية بمذكرة لرئيس الجمهورية طالبوا فيها بإصلاحات شاملة في القوات المسلحة، تتضمن بالضرورة الإطاحة بوزير الدفاع عبد الرحيم محمد حسين، الذي وُصف في المذكرة بالفاشل. ودعت المجموعة للاجتماع بالرئيس بإعتباره القائد الاعلى للقوات المسلحه ولكنه تهرب من الاجتماع بهذه المجموعة. كان الشعور العام بالإنهزامية، في أوساط الجميع. وتوقعوا أن تشهد القوات

المسلحة موجة صالح عام تطال ضباط كبار في هيئة الاركان، الأمر الذي تتخوف منه بعض العناصر الكبيرة والتي ربما تسبقه بعمل غير واضح المعالم. دعت هذه الخلافات الكبيرة نافع على نافع للتشكيك في قدرة القوات المسلحه أمام وزير الدفاع عبد الرحيم محمد حسين، ودعوته لمليشيات حزب البشير الدفاع الشعبي للانخراط في المعسكرات من أجل المحافظة على النظام وعلى سكان السودان الأصلاء. وكان نافع على نافع قد كشف امام المجلس التشريعي لولاية الخرطوم عن اتصالات اجرتها الجبهة الثورية بعناصر فى القوات المسلحة وما يسمى بالاصلاحيين فى المؤتمر الوطنى للإنضمام إليها أو ليكونوا طابوراً خامساً. لم تكن هذه حلولاً حقيقية لأنه بكل بساطة لم تكن هناك حلولاً. حركات التمرد كانت كثيرة ويماثلها عدد الجبهات القتالية التي توجه القوات النظامية. تصاعد الغضب بين أبناء الشعب. أولاً من العجز الواضح الذي اتسمت به السلطات وتخبطها في الرؤية والحلول العسكرية أو التفاوضية. زاد الموقف الاقتصادي المنهار الغضب وكان من الواضح رغم تصريحات الوزير علي محمود المكروه شعبياً وممقوت من ربات البيوت وجميع أطفال السودان والمنبوذ عالمياً عجزه عن توفير رؤية لاطعام الشعب المسحوق. كانت حلوله تدور حول المزيد من الضرائب واستطاع أن يقنع بها عمر البشير حتي أصدر قراراً رئاسياً بزيادة الضرائب تحت مسمي رفع الدعم عن المحروقات والقمح يوم 12 سبتمبر 2013.

خروج هذا القرار في مثل ذلك التوقيت كان انتحلوا سياسياً لأن الغطاء انكشف وحتي داخل البرلمان العاجز كانت هناك دمدمة وهي ما استطاع أعضائه المغلوبين علي أمرهم أن يفعلوه،حفاظاً علي مواقعم وامتيازاتهم. كان المواطن بين الشك والريبة واللايقين لكن عندما بدي تهديد لقوته جليا، إنجلي معها الشك وأصبح النظام في مواجهة الأمة.

كتب بروفيسور عصام عبد الوهاب بوب أن هذا القرار كان له بدائل وأن إعلانه في هذا التوقيت كان بمثابة اعلان الحرب علي الشعب السوداني. لأنه كان حل للنخبة فقط التي لم تحرم من أي من إمتيازاتها وأصبحت كمصاص لدماء المواطن الغلبان. وقد أعطي ذلك المزيد من الدوافع لمهمشي الريف لكي ينضموا إلي المعارضة وأصبح من الواضح أن إنقضاء موسم خريف 2013 سيعقبه مزيد من إراقة الدماء وفي هذه المرة سيكون حاسماً.

علي أن اعلان الحرب علي الشعب السوداني بأشكاله من الرصاص والمدافع والقنابل الحارقة كان أيضا مقترنا بإعلان الحرب الاقتصادية عليه. كان هناك قرار تصفية الشركات الحكومية والتي كانت تتلقي كل مواردها من الخزينة العامة ولم تكن تخضع لمراجعة المراجع العام. وبإعتراف العصابة فقد كانت تكلف الخزينة العامة أموالاً طائلة وبدون عائد يغطي سبب وجودها.

أتخذ القرار بتصفيتها، ولكن لم ينفذ ولم تكن هذه هي الحقيقة. من كانوا يديرون تلك الشركات كانوا يحمون النظام ويسيرون الأمور من الباطن. كانوا جزءً من الحكومة الخفية والدولة العميقة والنخبة. وكانوا يريدون المزيد من الثروة والحقيقة كانوا يريدون كل ثروة السودان، وحصلوا عليها.

اتهم البرلمان الحكومة بخرق قرار مجلس الوزراء الخاص بتصفية الشركات الحكومية، وذلك بإنشائها 5 شركات جديدة في المركز والولايات بعد إتخاذ القرار مباشرة. وجه البرلمان بتشكيل لجنة للتقصي والمساءلة في هذا الأمر. وبقراءة لهذه الخطوة في مجملها تتراءى أو تعني الآتي:

1. أن الحكومة لا تحترم قراراتها وتستهين بقوانينها، وبذلك تهزم فكرة الدولة والنظام وتفضح شعاراتها المرفوعة.

2. أن الحكومة تعطي المبررات لمتنفذين درجوا على تجاوز القوانين واللوائح متى ما اقتضت مصالحهم ذلك.

3. هذا التجاوز يعني أيضًا انهيار المثال والقدوة في تطبيق القرارات والقوانين واحترام رمزيتها.

4. أن القوانين والقرارات تطبق بشكل انتقائي.

5. هذه الخطوة تشير إلى أن هناك متنفذين يخرقون القرارات وفقًا لمصالحهم الشخصية، ودون الحاجة لتبرير هذه التجاوزات.

6. تعطي هـذه الخروقـات للقرارات الرئاسـية انطباعًا يـشير إلى ضـعف مؤسسات الرئاسة وأجهزة الدولة المنوط بها حراسة قرارات الحكومة.

7. تعني مثل هـذه الممارسـات أن الـدولة تعـاني مـن خلـل يتعلـق بقدرتها على فرض هيبتها وقدسية قراراتها.

8. تعني أيضًا أن هناك جهات تعمل على إضعاف هيبة الدولة وانتهاك قدسية قراراتها.

ولكن ما الذي يدفع بعض المتنفذين في الحكومة نحو الاستهانة بقرارات مجلس الوزراء ورئيس الجمهورية؟

هناك تجاوزات وزيـر الزراعة الدكتـور عبـد الحليم المتعـافي لقرارات مجلس الوزراء ورئيس الجمهورية في استبقاء مـدير وقايـة النباتات خضر جبريل رغم انتهاء مدته القانونية في الخدمة، ورغم أنف قوانين الخدمة المدنية. وهل نحن بحاجة أيضًا إلى التذكير بالاختراقات التي أطاحت قرارات مجلس الوزراء الخاصة بإلغاء رسوم العبور في الـولايات. وقبل الخوض في قضية اختراق الحكومة لقرار مجلس الوزراء القاضي بتصفية الشركات الحكومية، نشير هنا

إلى تبريـرات دفـع بهـا المتعـافي حينما سـأله الـصحافيون عـن أسـباب تجـاوزه لقرارات رئيس الجمهورية ومجلس الـوزراء وقـوانين الخدمـة المدنيـة في اسـتبقائه خـضر جبريـل بالخدمـة. قـال بطريقـة مقتـضبة جـدًا وأسـلوب يحتمـل كل التأويلات: ما في حاجة في البلد دي بتتم من دون رضا الرئيس، وما في وزيـر بخوِّف الرئيس. فكأنما أراد المتعافي الذكي اللماح أن يشير إلى أن تسوية القـضية تمت برضا الرئيس وقد أقنعناه بتجاوز قراراته الـسابقة لأمـر اقتضته المـصلحة العامة. استدعينا هذه القـضية لأنهـا ذات صـلة وثيقـة بتجاوزات النافـذين في الحكومة لقرارات الحكومة، ولعل رد المتعافي المشار إليه هنا يفسر الحالـة التـي نحن بصدد تشخيصها، ولعله أيضًا يقربنـا مـن الإجابـة عـن الـسؤال الجـوهري المطروح.

أما بشأن تجاوز الحكومة لقرارات مجلس الـوزراء الخـاص بتـصفية الـشركات الحكومية، فلا بد من الإشارة إلى وضعية هـذه الـشركات الحكوميـة وتجاوزاتهـا ومـا حـام حولهـا مـن شـبهات فـساد، وكيـف أن بعـضها أصـبح مرتعًـا لممارسـة الفـساد المـالي وتبديـد المـال العـام وتخريـب الاقتـصاد الـوطني. وتظـل ممارسـة العديد منها، دليلاً دامغًا على الفساد المحصن بالنفوذ السياسي وسـلطة الدولـة، وبات واضحًـا أنـه حينما فتحت الدولة البـاب واسـعًا أمـام تـسجيل الـشركات الحكوميـة، تحولـت مـن دولـة مؤسـسات ومرافـق خدميـة إلى أكـبر تـاجـر في السوق ينافس شركات القطاع الخاص مع استئثار شركاتها المدللة بالتسهيلات والإعفـاءات الجمركيـة والـضرائبية، والرسـوم الحكوميـة الأخـرى وجميـع أنـواع الجبايات التي أرهقت شركات القطاع الخاص مما اضطرها للخروج من السوق ليخلو الجو لـشركات الحكومـة فخرجـت شركات القطـاع الخـاص لأن المنافـسة غير شريفة وتفتقد أبسط صور العـدالة الاجتماعيـة والمساواة الـتي هي أسـاس حكم الشريعة الإسلامية الـتي تـدعي الحكومـة أنهـا تطبقهـا في الوقـت الـراهن.

وبهذا أصبحت الشركات الحكومية دليلاً على الحكم غير الرشيد وفي بعض ممارساتها شبهة فساد ظاهر، وتخريب للاقتصاد الوطني الأمر الذي دفع الرئيس البشير إلى إصدار قرار جمهوري بتصفية عدد منها، على أن يستمر برنامج التصفية حتى تخرج الدولة كليًا من السوق وتدع منافسة القطاع الخاص، في حين أصدر مجلس الوزراء قرارًا بعدم تسجيل أية شركة حكومية جديدة. وبدا أن اتجاه الدولة العام هو تصفية هذه الشركات. لكن الذي حدث هو أن الحكومة نفسها كانت تخرق قرارتها.

في يوم 6/11 2012 اتهم المجلس الوطني الحكومة بخرق قرار مجلس الوزراء الخاص بتصفية الشركات الحكومية، وذلك عندما انشأت 5 شركات جديدة في المركز والولايات. ووجه البرلمان بتشكيل لجنة للتقصي والمساءلة في أمر هذه الشركات وطبيعة العلاقة والمعاملات القائمة بين الجهاز الحكومي والأطراف ذات العلاقة في نطاق الهيئات والشركات الحكومية، وإعادة النظر في أمر هذه الشركات.

عندما صدر قرار جمهوري بالتصفية لم تكن هناك قرارات تنفيذية ولا متابعة. في يوم 3/25/ 2011 كان الرئيس عمر البشير قد أصدر قرارًا جمهوريًا يقضي بتصفية 22 شركة حكومية هي شركة الجزيرة للتجارة والخدمات، شركة منقاش للاستيراد والتصدير، شركة المتحدة للاتصالات، شركة بشائر للطرق والجسور، شركة أنظمة الكمبيوتر والاتصالات، شركة كردفان للتجارة، شركة أواب للاستثمار، شركة كوبتريد للإسكان، شركة المصورات للاستثمارات الهندسية، شركة الهجرس للنقل، فندق سندباد، فندق شارع. عبد الرحمن، شركة المشير الاستشارية، شركة هاي فست العالمية، شركة باوتك الطبية، شركة كناري للبلاستيك، مصنع المنهل لأغطية الزجاج، مصنع شواهق

للحديد والصلب، شركة GBG، شركة الأمن الغذائي، الشركة العالمية لمواد الطباعة.

ساد ضباب حول ما اذا تم تنفيذ ايًا من هذا وإنزاله إلي أرض الواقع ولم يعرف أحد هل تم التخلص منها فعلاً. المعروف والذي تم التأكد منه هو أن إذا كان هناك تخلص فقد ذهبت هذه المؤسسات إلي أسماء أعضاء من النخبة وأنه كانت هناك شركات أخري حكومية-خاصة تم التصديق لها واعتمادها. كيف؟؟ لم يعرف أحد.

بعد ساعات قليلة من قرار الرئيس البشير الذي ظن الكثيرون وقتها أنه تصحيح لأخطاء جسيمة وقعت فيها الدولة، وإقرار بالخطيئة والعمل علي المعالجة، بعد ساعات من ذلك، قال وزير مجلس الوزراء بالإنابة الدكتور محمد المختار: إن قرار التصفية جاء إنفاذًا للقرارات والإجراءات الاقتصادية التي أصدرها مجلس الوزراء مؤخرًا باستكمال خروج الحكومة من النشاط الاقتصادي المباشر وتحفيزًا للقطاع الخاص وتمكيناً له من القيام بأدوار أكبر في التنمية. وأضاف الوزير وقتها: وقد صدرت توجيهات للجنة العليا للتصرف في مرافق القطاع العام باتخاذ كل الإجراءات الكفيلة بتنفيذ هذا القرار فورًا وأوضح أن هذه القرارات تأتي في إطار المراجعة الكلية لدور القطاع العام والحيلولة دون خلق أي تشوهات في المجال الاقتصادي تُضعف من قدرته علي جذب وتحفيز القطاع الخاص ليلعب دوره المحوري المرتجى.

أشار الدكتور أحمد مالك إلى وجود فوضى ضاربة بأطنابها تتعلق بالشركات الحكومية وتجنيبها الأموال لاسيما في الوزارات بالمركز والولايات مشيرًا إلى أن الوضع العام للشركات سواء كانت مسجلة أو غير ذلك يظل ضبابيًا لجهة عدم توفر المعلومات عن انتسابها للحكومة أو القطاع الخاص إضافة إلى عدم معرفة

النسبة التي تشارك بها الحكومة، واتهم الشركات بأنها شركات غسيل للأموال لافتًا إلى وجود شركة نفطية سجلت ثلاث مرات وأكد مالك وقتها في حديثه لصحيفة الإنتباهة أن قرار مجلس الوزراء يُعتبر خطوة جيدة داعيًا لمزيد من الضبط السيادي ومنع الاستهانة بتنفيذ قرارات الرئاسة ومجلس الوزراء وضياع هيبة القرار.

أيد ذلك الحديث أن هناك شركات دخلت إلي العالم التحت أرضي وأصبحت تعمل تعمل في الظلام. في يوم 5/13 كشفت المسجل التجاري، رئيس لجنة المراجعة الميدانية للكيانات التجارية هند محمد عبد الرحمن الخانجي عن ضوابط جديدة بعدم تسجيل أي شركة حكومية لدى المسجل التجاري واعتبرت أن القرار يصب فى خانة التضييق والحد من وجود شركات حكومية كثيرة، وأقرت، بأن هنالك شركات حكومية لم تتوصل إليها لجنة المراجعة بعد لعدم معرفتهم بمقارها، وشددت على أن 90% من الشركات الحكومية المخالفة لقانون الشركات والتي وصلتها لجنة المراجعة وفّقت أوضاعها وأن 10% من الشركات الحكومية الأخرى طلبت مهلة لتوفيق أوضاعها... ولعلَّ حديث رئيس لجنة المراجعة الميدانية يؤكد الاتهام القائل بتهرب كثير من هذه الشركات من المراجعة مما يعني أنها متورطة في وحل الفساد ولا تقوى على المراجعة ولو كانت صورية.

لكن الناظر إلى كل تلك التصريحات الرسمية التي تؤكد بشكل قاطع اتجاه الحكومة الرامي للخروج من النشاط الاقتصادي المباشر والعمل التجاري ومنافسة القطاع الخاص، وإلى قرارات رئيس الجمهورية، ومجلس الوزراء لتصفية هذه الشركات يتبين له أن الحكومة هي أول من يخرق القانون والقرارات السيادية، بشكل يُضعف هيبة الدولة، وأنها تتساهل بنحو مهين

لرمزية الدولة وهيبة مؤسساتها السيادية التي تصدر القرارات. والأسئلة الأكثر إلحاحًا هي لماذا تتساهل الحكومة لهذه الدرجة مع مثل هذه القضايا ؟ وهل لهذه الشركات علاقة بتمويل الحزب الحاكم ونشاطه السياسي والاجتماعي والثقافي، مما يجعلها بعيدة عن المحاسبة والمراجعة، والعودة من الشباك متى ما أوصد أمامها الباب رسميًا ؟ ولماذا يسمح مجلس الوزراء بإنشاء شركات حكومية جديدة طالما أن هناك أكثر من 700 شركة حكومية، يجري العمل على تصفيتها وإخراجها من السوق كما هو معلن أعلاه وفقًا لتصريحات المسؤولين[8].

غسيل الأموال أو تبيض الأموال هو أحد الجرائم الاقتصادية التي تهدف إلى إضفاء الصفة الشرعية على العمليات التي تنطوى على أموال متحصلة من جرائم مثل تجارة المخدرات والنصب والدعارة والاتجار بالبشر والتزوير وغيرها. وقد قدر خبراء الاقتصاد المبالغ المالية التي يتم غسلها سنويًا بترليون دولار، أى ما يعادل 15% من إجمالي التجارة العالمية. ويقول خبراء اقتصاديون: إن البنوك السويسرية بها ما يتراوح بين ترليون وترليوني دولار من الأموال التي جاءت من مصادر غير مشروعة.

القائمة تضم أشقاء عمر البشير عبد الله حسن أحمد البشير، عباس حسن أحمد البشير وعلي حسن أحمد البشير إضافة إلى وداد بابكر زوجة البشير وعبد الرحيم محمد حسين وجمال الوالي وعبد الباسط حمزة وكمال عبد اللطيف وعبد الله إدريس مسؤول في الأمن الشعبي مع كمال عبد اللطيف

---

[8] الاجابة علي الأسئلة السابقة يأتي في خبر أوردته صحيفة حريات يوم الأول من ديسمبر 2013. حيث كشف مصدر موثوق عن قائمة أبرز غاسلي الأموال في السودان.

وبدر الدين محمود نائب محافظ بنك السودان[9]. وأضاف أن المجموعة التي تربط بينها علاقات حزبية وأمنية وأسرية تسعى لتوريط عبد الرحمن الصادق المهدي معها كضمان للمستقبل،حيث ترى بأن حزب الأمة سيظل رقماً في المعادلة السياسية في المستقبل وان توريط إبن زعيم الحزب سيعوق أي ملاحقات للمجموعة حتى بعد سقوط النظام. وقال أ المجموعة خصوصاً من أسرة عمر البشير تستخدم مظلات القيادة العامة للقوات المسلحة بمطار الخرطوم لإدخال الأموال المهربة، وعادة ما تدعي بأن الأموال معدات عسكرية للقوات المسلحة، وذلك بالتنسيق مع اللواء طيار المسؤول عن الطائرة الرئاسية والتي تربطه علاقة وثيقة مع عبد الله حسن أحمد البشير وعبد الرحيم محمد حسين. هذهالمجموعة تستخدم كذلك عدداً من الصرافات التي تتبع للأمن الشعبي عبر عبد الله إدريس وكمال عبد اللطيف مثل صرافات اليمامة وأرقين ودينار والهجرة والرائد. وذلك في تنسيق مع نائب محافظ بنك السودان بدرالدين محمود، وعدد من مسؤولى بنك ام درمان الوطنى مثل عبد الرحمن ضرار وصابر محمد الحسن وعبد الرحمن حسن عبد الرحمن. وغالباً ما تتم تعاملات غسيل الأموال ما بين ماليزيا ودبي عبر صرافة التنمية الدولية. وهناك فضيحة غسيل الـ160 مليون دولار المشهورة في أوساط الصرافات والتي تمت عامي بالتنسيق بين مجموعة من الصوماليين وعبد الله إدريس وبدرالدين محمود. وحين حاول الأمن الإقتصادي التحقيق فيها ألجمته قيادته. هذه المجموعة

---

[9] تم تعيينه وزير للمالية في نوفمبر 2013 وكان تعليق أخي وصديقي وتلميذي الدكتور محمد أحمد عثمان أن هذا هراء لأنه ليس له مقدرة علي إدارة الاقتصاد السوداني وهو يعرفه جيدا وأنه متورط في عمليات غسيل أموال وفساد إداري في مواقع عديدة. وفوق كل هذا فقد قال بدر الدين بنفسه في الملتقي الاقتصادي الذي عقد في شهر نوفمبر أن بنك السودان ووزارة المالية مسئولين عن الكارثة الاقتصادية الحالية ومن الأفاضل أن يعطوهم إجازة مدي الحياة. في تفسيري أن كلماته أنهم كان يجب أن يحاكموا أو يسجنوا باقي الحياة كتفسير أقوي لكلماته.

تستخدم في أنشطتها كذلك عدداً من المنظمات الخيرية،خصوصاً منظمات سند ورفيدة ومعارج.

تقرير بعثة البنك الدولي لمراقبة القطاع المالي ديسمبر 2004 أكد بأن السلطات السودانية أقرت بإرتفاع عام في جرائم التملك وعزته إلى السياسات الليبرالية. بالطبع فإن الأنظمة الجنائية والوقائية في السودان لمكافحة غسيل الاموال غير فعالة وذلك بسبب الصعوبات التي تواجه تطور المؤسسات الفاعلة. أشار تقرير البنك الدولي إلى أن القوانين السودانية لا تجرم تمويل الإرهاب. وكان حريق إلتهم وحدة التحريات المالية التابعة لبنك السودان بالعمارات بالخرطوم الاثنين 4 نوفمبر 2013. وتناقضت الروايتان الحكوميتان عن أسباب الحريق، ففيما زعمت المصادر الحكومية لصحيفة الاهرام اليوم ان سببه ماس كهربائي من أحد المكيفات، قال مدير غرفة الدفاع المدني بالولاية أن الحريق نتج عن أعمال لحام بالمبنى. ولم يوضح المسؤولون سبب عدم التحوط الكافي ضد الحرائق في مبنى بهذه الأهمية.

في حوار مع صحيفة السوداني 10 نوفمبر 2013، قال المدير السابق لوحدة التحريات المالية خالد الأمين ان الحريق لا يمكن ان يؤثر على الملفات لأن كل مستندات التحري وملفاته التي تباشرها الوحدة محفوظة ومؤمنة بداخل خزن مصممة خصيصاً ضد مخاطر التعرض للسرقات والحرائق. ولكنه عاد وفي نفس الحوار ليقول ان المجموعة الدولية لمكافحة جرائم غسيل الأموال في تقييمها الدوري أبدت ملاحظات عن المبنى فريق التقييم أبدى ملاحظات عدة سابقة عن المبنى، وأشار إلى أن المقر الموجودة به الوحدة لا يؤمن لها السلامة، ويعاني من ضعف كبير في هذا الجانب، فضلاً عن عدم وجود حراسات شرطة حوله ولا كاميرات مراقبة. هذا بجانب أن طريقة حفظ

المستندات المكتبية في دواليب عادية غير كافية للحفظ. وقد أمهل الفريق الوحدة في آخر تقييم له في أكتوبر 2012، فرصة عام ونصف العام لمعالجة أوجه القصور المذكورة.

في اكتوبر 2013 أكدت المجموعة الدولية بأن السودان لابد أن يخاطب أوجه القصور الإستراتيجية في مكافحة غسيل الأموال. وأوردت انها تشمل عدم التجريم الكافي لجريمة غسيل الأموال وتمويل الإرهاب وعدم فاعلية وحدة الإستخبارات المالية والمؤسسات المالية المسؤولة عن تقديم التقارير عن التعاملات المشبوهة، وعدم وجود برامج مراقبة فعالة.

كانت هناك سابقة خطيرة جدًا، ففي يوم 2/26/ 2013 أعلن رئيس لجنة التشريع والعدل بالبرلمان الفاضل حاج سليمان عن إحالة شركة حكومية لنيابة المال العام بتهمة التعدي على المال العام. وأقر الفاضل بأن الشركة غير مسجلة لدى مسجل عام الشركات وما تزال تمارس نشاطها مما يعتبر مخالفة لقانون الشركات،معلناً عن رفع الملف لوزارة العدل لاتخاذ الإجراءات القانونية في مواجهة الجهات التي أنشأت الشركة. وكشف الفاضل في تصريحات عقب اجتماع مع المراجع ومسجل الشركات وقتها بأن معاملات الشركة ورأس مالها وأرباحها مجهولة وغير واضحة كما أنها لم تخضع للمراجعة مما يعتبر استغلالاً للمال العام. بالطبع فإن إخفاءها للمعلومات مخالفة، ومسجل الشركات أكد عدم معرفته بوجود الشركة وأقر بأنها غير موجودة في السجلات بطرفه.

لعل اتجاه مسجل عام الشركات واتخاذه ضوابط جديدة ورهنه تسجيل الشركات الحكومية بموافقة مجلس الوزراء جاء نتيجة لما اورده رئيس لجنة التشريع والعدل بالبرلمان عن وجود شركة حكومية غير مسجلة لدى مسجل عام الشركات تمارس نشاطها في مخالفة واضحة لقانون الشركات واستغلال

المال العام لاسيما ان المجلس أكد عدم علمه بوجود الشركة. هذه ليست المرة الأولى، فقد تردد حديث في وقت سابق عن وجود شركات حكومية كثيرة غير مسجلة وغائبة عن أعين الرقابة تمارس كل صلاحياتها وتعمل على تجنيب المال العام، وترددت بعض المعلومات عن ضبط أربع شركات حكومية غير مـسجلة في المـسجل التجاري في العام 2011م. بعضها شركات وهميـة تم تسجيلها ولم يكن لها وجود على أرض الواقع.

كان تقرير المراجع العام الأخير قد أشار إلى تجاوزات بهذه الشركات، أبرزها تجنيب المال وصرف حوافز بغير وجه حق، وأن بعضها يشكل عبئاً على الدولة بجانب أنها أحد معوقات النمو الاقتصادي الخاص، والقدرة التنافسية للاقتصاد السوداني. وأشار المراجع العام بولاية الخرطوم أمام تشريعي الولاية، إلى أن هناك 56 شركة بعضها يتبع مباشرة لحكومة ولاية الخرطوم وأخري تساهم فيها، وهذا يتنافى مع قرار خروج الدولة من القطاع الخاص والشركات.

حول عدد الشركات والمؤسسات الحكومية أكد نائب رئيس اللجنة الاقتصادية بالمجلس الوطني د. بابكر محمد توم، على عدم امكانية معرفة عددها أو حجمها. وقال وقتها: لا يعلم عدد الشركات الحكومية إلا الله، وقال إن وزارة المالية لا تعرف عددها، حيث هناك شركات تنشأ دون علم الوزارة، بجانب أن ديوان المراجع العام لا يعرف عناوينها ولم تقدم للمراجعة لسنوات، كما أنها لا تسلّم حـساباتها، وبالتـالي يصعب تحديـدها، وطالـب بضرورة اشراك المسجل التجاري في اية لجنة خاصة بالتصفيات، وشدد على المسجل التجاري بالا يسجل شركة جديدة او فرعًا لشركة، اي سجل الشركات، الا بعد التأكد. واقر التوم بأن الكثير من هذه الشركات متمكنة وعلى رأسها متمكنون.

كانت هناك مخصصات خرافية لموظفين معينين تتجاوز أي حدود أو لوائح معروفة. وهناك العديد من الشركات والمؤسسات الحكومية يفوق إنفاقها صرف الكثير من الوزارات المركزية، وأن هناك بونًا شاسعًا بين مخصصات الدستوريين ومديري الشركات والمؤسسات الحكومية رغم أن حجم مسؤولياتهم ومهامهم التنفيذية أقل بكثير من الدستوريين، ورغم ذلك يتقاضون مرتبات كبيرة، ومخصصات عالية تفوق ما يناله الوزراء الاتحاديون.

90% من المديرين يتم التعاقد معهم من قبل رئاسة الجمهورية وفق معايير مختلفة، وحول المخصصات الشهرية والسنوية التي ينالها مديرو الشركات والمؤسسات الحكومية، أشارت تقارير صحافية إلى أن بعض المديرين يتقاضون أكثر من 15 ألف جنيه في الشهر، ويحظى المديرون بمخصصات أخرى كالسكن والعربة والهاتف والعلاج بالخارج وتذاكر السفر لهم ولأسرهم وهناك مديرون ينالون حوافز سنوية لا تقل عن مرتبات عشرة أشهر، وآخرون ينالون حوافز في نهاية العقد حتى ولو كان سنويًا، وهناك من ينال 300 مليون حافزاً سنويًا.

بناء على ما تقدم من معطيات ومؤشرات مهمة وقرائن أحوال يمكن القول إن هناك متنفذين مستفيدين من وجود هذه الشركات ولا شك أنهم سيقاومون قرارات الرئاسة القاضية بتصفية هذه الشركات الحكومية ويسعون إلى إنشاء المزيد منها، ولا شك أن هؤلاء أصحاب نفوذ قوي يمنحهم القدرة والجرأة على تجاوز قوانين الدولة وقراراتها.

11.   دبابين، مواد البناء ودبلوماسية

Tankers, Building Materials and Diplomacy

لا ينطبق قولا في صحته مثل ما قال أنوريه دي بالزاك الكاتب الفرنسي علي السودان: وراء كل ثروة عظيمة جريمة أعظم[10]. كل أعضاء عصابة الإنقاذ كانوا فقراء قبل أن يستولوا علي السلطة في السودان عام 1989. لم تكن لديهم العمارات ولا الأموال السائلة في البنوك الأجنبية ولا السيارات الفاخرة العديدة. كانوا متواضعين وأغناهم كان يقود سيارة مستعملة. مثالنا هنا هو قائد الدبابين إمبراطور الأسمنت والحديد والاخشاب ورئيس الدبلوماسية. لم يتورعوا عن أي جريمة في سبيل تحقيقة ثروات والإستيلاء علي أموال عامة أو خاصة. ماذا فعل علي كرتي بشركة البحر الأحمر للتجارة والملاحة؟

اختلطت اللصوصية أو بالتعبير الأكاديمي الكليبتوقراطية بالكذب. اختلطت الأوهام بانعدام الشفافية وبالقبلية.

سرقات أعضاء العصبة كانت مكشوفة لأبن الشارع البسيط ومع ذلك كانت العصابة تنفي وتموه وتنسي ما قالته وتكذب مرة ومرات أخري.

نفى فساد علي كرتي الذي يعرفه الجميع ابن عمه الخبير الوطني في الكذب والتدليس ربيع عبدالعاطي بقوة واقتناع مزيف. علي أن فضائح قادة النظام الحاكم ودورهم البطولي في دمار وانهيار الاقتصاد الوطني ظلت تتكشف للعيان. أدخلوا في بطونهم وبطون أبنائهم وأسرهم أموال السحت بعضهم بنى بها العمارات السوامق والفنادق في ماليزيا وبعض اشترى بها أراض في مشروع النخيل بدبي، وبعضهم أسس بها شركات في تركيا ومصر ودخل بها في شراكات مع عرب وعجم غير مبالين بالعاقبة التي تنتظرهم ولو بعد حين. كانوا قصيرين النظر ولا ينظرون إلا تحت أرجلهم ولم يتعلموا من التجارب حتى

[10] Honoré de Balzac (20 May 1799, August 1850) was a French novelist. Along with Flaubert, he is generally regarded as a founding father of realism in European literature.

القرية. نموذج زين العابدين بن علي وأسرته في تونس ومحمد حسني مبارك وأسرته في مصر ومن قبلهم صدام حسين وأسرته في العراق، ولا زالت تأخذهم العزة بالنفس يشتمون هذا ويحاربون ذاك. وبطل قصة دمار شركة البحر الأحمر للتجارة والملاحة هو وزير الخارجية الحالي علي كرتي، والشركة المعينة من كبرى وأشهر شركات الملاحة والتجارة البحرية وقد ارتبطت اسمها بشركة الخرطوم للتجارة والملاحة التي دمرها مسؤول التنظيم العسكري السابق، وشركة البحر الاحمر للملاحة كذلك كانت من الشركات الرائدة في مجالها تتخذ من ولاية البحر الاحمر مقراً وشركة ذائعة الصيت في بلاد العالم.

كيف بدأت قصة نهب الشركة الكبرى.

بدأت القصة عندما جاء النظام تنفيذاً للمخطط الكبير الرامي لإستيلاء مجموعة من الاسلامويين على مقدرات البلاد وكانت البداية بشركة الخرطوم للتجارة والملاحة وقد استلموها من إدارتها الوطنية عالية الكفاءة والمؤهلة والمتخصصة في العمل التجاري من هذا النوع. ثم جاء الدور على شركة البحر الأحمر فكانت الخطوة الأولى ضم الشركة لمنسقية الدفاع الشعبى لتقوم بتمويل تجهيز المقاتلين من عتاد. كان سيناريو عجيب تم تنفيذه في هذه المؤسسة الحكومية الانتاجية فكان الايقاع سريعاً برغم نغمات صاحبت مشهد دمار مرفق اقتصادي كبير كان له حضوره في دعم الاقتصاد الوطني. كان إبعاد الكفاءات الوطنية واستلام شأن الشركة لأصحاب الولاء السياسي. تم بناء مبني المنسقية من أموال الشركة وتم تأسيس شركة الرباط ومن ثم بشائر من أموال الشركة في عهد المنسق علي كرتي.واخيراً تم بيع اسهم كانت للشركة فى هجليج للبترول بملايين الدولارات، ولم يتم توريد قيمة الأسهم لخزينة الشركة، فى نفس الفترة. وبذات الايقاع السريع للأحداث تم انشاء شركة اسمها لازوتين

للتنمية والإستثمار المحدودة التي أسست في نفس الفترة وهي الممول الأساسي للمنسقية. كان موظفي الشركة يعانون الفقر ورداءة الرواتب والشركة في الخرطوم لاتمتلك مقراً خاصاً بها. الوزير علي كرتي هو أول من ساهم في تدمير الشركة ونهج نهجه المنسق والمدير المالي للمنسقية حتي العام 2008 حيث أنهم قاموا بالتخلص من عدد خرافي من الموظفين(70%) وخلقوا فوارق عجيبة في الرواتب بين الإدارة العليا وباقي الموظفين الامر الغير مقبول حيث أنها شركة تعتمد في مواردها علي مجهود الموظفين فقط. لم تقدم المنسقية أي دعم يذكر وتفكر جديا في تصفيتها حيث أنها أصبحت عبئا عليها. ولا غرابة أن تكون الفوضى المالية هي سيدة الموقف خاصة إذا عرفنا أن السحب المالي في الشركة يتم من الإيرادات ليدخل في حسابات منسقية الدفاع الشعبي، وبدون تخطيط ودراية والإجراءات المتبعة في الصرف، والشركة قبل مجئ النظام كانت موعودة بتطوير كبير وتوسع في الإيرادات وفي العمل التجاري بشكل مخطط له من قبل الكفاءات التي كانت موجودة في الشركة آنذاك. كان سيناريو عجيب تم تنفيذه في هذه المؤسسة الحكومية الانتاجية فكان الايقاع سريعاً برغم الموسيقى الحزاينية التي صاحبت مشهد دمار مرفق اقتصادي كبير كان له حضوره في دعم الاقتصاد الوطني ،وتكمن الموسيقي الحزاينية أيضاً في إبعاد الكفاءات الوطنية واستلام شأن الشركة لأصحاب الولاء السياسي، والحظوة من الأهل والأقارب. ولأن الاهل والاقارب من النخبة فإن علي كرتي ظل يبسط ذراعيه هنا وهنا وهو مرفوع عنه القلم ولا يمكن مساءلته.

بطل القصة هو علي كرتي صاحب امبراطورية الاسمنت والحديد والاخشاب بحي البراحة بالخرطوم بحري، ويمتلك مصنع بربر للأسمنت. استحوذ علي تجارة الحديد والخشب ومواد البناء في كل أرجاء البلاد. علي كرتي درس في حجر العسل الابتدائية، ثم في مدرسة بانقا الوسطى، وشندي العليا، وحصل على

بكالوريوس الحقوق من كلية القانون جامعة الخرطوم عام 1979م، هناك أقوال متضاربة حول مشاركته في الجبهة الوطنية السودانية في منتصف السبعينات في الصحراء الليبية، وإنه كان ضمن القوة التي هجمت على الخرطوم في الجمعة 2 يوليو 1976م فيما عرفت أيام العهد المايوي بـ(المرتزقة). في هذا النظام كان قائداً لقوات الدفاع الشعبي، ثم أصبح وزير الدولة للشئون الخارجية قبل أن يصبح وزيراً للخارجية، وقد وثقت له اجهزة الاعلام العالمية العديد من التصريحات التي تعكس المستوى الهابط للدبلوماسية السودانية. وقبل انقلاب يونيو 1989م لم يكن اسم علي كرتي متدأولا في مجالس الاسلاميين ولا في سوق التجارة ولا حتى في كشوفات الوزراء والولاء والمحافظين المحتمل تعيينهم، ولم يكن يعرف علي كرتي إلاالقليل جداً من الناس وفي محيط ضيق، وكان أبعد الناس عن التجارة ولغة الأرقام، وبتأكيد شديد أنه حتى العام 1992م لم يكن لكرتي شركة ولا بناية ولا مصنع وكان جل همه أن يصل لمرحلة التوزير ولولا الانقلاب الداخلي في الحركة الاسلامية لما تسنى الوصول لمنصب وزير الخارجية ولا حتى وزير ولائي. بعد الانفصال المشهور في الرابع من رمضان عام 2000م برز علي كرتي.لكن نجمه لمع آخيراً من خلال امتلاكه لعدد من البنايات والشركات وساعده منصبه في التسويق التجاري على المستوى الداخلي والخارجي. وعلي كرتي مصنف من ضمن أقوى رجال الرئيس عمر البشير، ولا سيما وان المنطقة التي ينتمي إليها حجر العسل التي سميناها داخل التنظيم في منتصف التسعينات مقرونة بحجر الطير بالأحجار الكريمة ذلك لأن غالبية المتنفذين داخل المؤسسات التنظيمية الأمنية العسكرية هم من حجر الطير وحجر العسل وما جاورها. وتحدثت المجالس الخاصة داخل الكيان الحكومي عن قوة أمن الرئيس الخاصة وأعتقد أن غالبيتها من هذه المناطق بما فيها مناطق ريفي شندي شمالاً وجنوبًا شرقاً وغربًا، في مقابل قوة أمن نائب

الرئيس علي عثمان محمد طه والتي ألمح إليها صلاح قوش. وتتكون من أبناء مناطق مروي وما جاورها وشايقية البحر الأحمر والتي من ضمنها مجموعة الجهاد الالكتروني التي يشرف عليها نائب الرئيس شخصياً ،التي تقوم برصد الكتابات المعادية للنظام إضافة للأدوار القذرة التي تتم عبر شبكة الانترنيت.

يحظي وزير الخارجية علي كرتي تاجر الأسمنت الكبير بتأييد قوي من عمر البشير باعتبار الأول من كبار قادة الحزب وله شعبية عسكرية وأمنية داخل النظام يمكن أن نقول أنها قوة ضاربة يمكن استخدامها عند الحاجة.

قامت شركة البحرالاحمر بعملية تجارية لتحسين الايرادات فى سلعة الأسمنت باعتبارها وكيلاً لصوامع اسمنت فى ولاية البحر الأحمر وتم نقل الاسمنت من بورتسودان بالسكة حديد إلى الخرطوم وفعلاً حققت العملية أرباحاً عالية، وكان من المفترض الاستمرار فى مثل هذه العمليات التجارية الناجحة، إلا أنه وفى أول اجتماع بعد هذه العملية لمجلس الإدارة أصدر على كرتى رئيس مجلس الإدارة حينها تعليمات بالتوقف،لأنه شخصياً وآخرين يعملون في تجارة الاسمنت ولايريدون منافس لهم حتى ولو كانت الشركة التى هو فى قمة الهرم فيها يتشرد العاملين لضعف الايرادات ويحتكر هو تجارة هذه السلعة الإستراتيجية. وفعلاً كانت العملية الأولى والأخيرة.

بعد نشر مقالات وتقارير الفساد بحجم فساد علي كرتي وزير الخارجية لازال قادة النظام يتحدثون عن الشريعة الاسلامية وهذا إستخفاف بعقول المواطنين. ونحت الخبير الوطني ربيع عبدالعاطي في الصخر لتحسين صورة قادته في الحزب الحاكم ولكن تستمر معارضة الانترنيت القوية في تعرية النظام. وقد جعلت حتى الرئيس عمر البشير نفسه يتحدث عن الفساد بل يؤمن على ما ذكر لأكثر من 10 سنوات.

عندما تذكر الحركة الإسلامية يتبادر للذهن ذلك الجسد الكامل للحركة الإسلامية في المشرق والمغرب العربي. وبما أننا بصدد الحديث عن تجربة الحركة الإسلامية في السودان كتجربة فكرية وفلسفية وكدين وحزب سياسي فإننا نجد الرداء الفلسفي واحد والدوافع الفكرية متشابهة. إلا أن الأثر الفردي الفكري والفلسفي عندما يرتبط بالدين والسياسة هنا يحدث الانقلاب الطائفي أو العرقي في أي مجتمع كان لا يستطيع أن يثبت هويته تجاه الانقلابيين المستلبين فكريا وروحيا مثال الشيخ الترابي وهو رائد الحركة. ويبدو اختلاط العاطفة الدينية بالعصف الفكري في ملامح شخصية شيخ الحركة والتي كانت بمعناها السلفي تمارس السيطرة على المجتمع من المهد إلى اللحد وتمارس النفاق الديني والكبت والسيطرة على حريات الوعي والضمائر. أدى ذلك إلى ظهور الجانب الآخر العلماني التنويري كردة فعل طبيعية محاكاة للسرد التاريخي من القرون الوسطى إلى العصور الحديثة. لكن شخصيته التي حملت دواعي انشطارها منذ المهد كانت مبهورة بالثقافة الفرنسية والفلسفة خاصة فهو لا يستحي أن يحمل لواء عصر التنوير الأوربي والذي دعا له من الفلاسفة أمثال: فولتير وجان جاك روسو وكانت في القرن الثامن عشر والذين فصلوا العصور الحديثة العلمانية عن العصور الوسطى المسيحية. ورغم أن أتباعه لهم يعد مخالفة إذا زعمنا أنه رجل دين مثلا لأنهم يدعون الإنسان إلى التحرر من كابوس اللاهوت القديم لكي يستطيع أن يفكر بنفسه بدون وصاية خارجية عليه. ولكن هذا هو محك الخلاف بين الفلاسفة دعاة التنوير والعلمانية ورجال الدين. ويبقى السؤال محيراً، إلى أي طائفة ينتمي، هل هو رجل دين سلفي متمسك بالقديم أم أنه فيلسوف ومفكر؟

في السابق كان دعاة التنوير الأوربي يشنون حملة ضد الكنيسة حتى لا تمارس الدور الديني والسياسي في أن واحد ظناً منهم أن إقحام الدين في السياسة

يولد النعرات الطائفية. ولكن في السودان أدت إلى تقسيم السودان على أساس طائفي وقبلي. ولكن الترابي أسس لحركة دينية هي أصلاً حزب طائفي مما حدا بها أن تحمل دواعيها الانشطارية منذ بداياتها في النصف الثاني من القرن العشرين فقد تلى الانشطار الآخر إلى أن انشطر أخيراً فكرها وفكر شيخها ولم يبقى إلا أدعياء الحركة الإسلامية الذين انقطعت عليهم الطرق فاختلطت عليهم الأفكار.

وبعد أن حُرم الشيخ الترابي من بريق السلطة وصولجان الملك وضاعت هيبته كرجل دين وسياسة اخذ يجدد ذكر الفتاوى القديمة التي يدغدغ بها مشاعر فلاسفة التنوير وهم في قبورهم أو دعاة التنوير في هذا العصر. وهو يحاكي ايمانويل كانت محاكاة خاصة عندما قال: أن عصرنا هو عصر النقد الذي ينبغي أن يخضع له كل شيء بما فيه العقائد الدينية ذاتها. ورد هذا في كتاب للمفكر الفرنسي تزفيتان تودوروف عن روح التنوير[11]. وأصبح يرى بعض الفلاسفة الأوربيين أن العلمانية ليست ضد الدين بل على الناس الانتقال من فكر إلى فكر مختلف ومن إيمان إلى إيمان بمفهوم جديد متغير وان الدين حرية شخصية وفردية يمارسه الفرد دون ضغوط. من هذا نستنتج أن الانشطار لم يكن لأن الترابي اتبع هؤلاء الفلاسفة وبخاصة الفرنسيين منهم. كان لابد له أن يخوض حركة تنوير سياسية واضحة أو حركة فلسفية فكرية علمانية واضحة. البديل كان أن يقود حركة سلفية متزمتة تصب فكرها في الدين القديم بمعزل عن المجتمع والحداثة كما فعلت الكنيسة فخرج عليها الناس. وتبنوا حركة التطوير الحديثة بالعلم إلى أن وصل العالم الغربي إلى ما عليه وغدت الكنيسة منذ ذلك الوقت تمارس فيها الطوائف الدينية بعيدا عن ممارسة العلوم والسياسة. علي أن السودان ليس كأي دولة أوربية أقحمت شعوبها الكثيرة المتشعبة العقائد في

[11] L'esprit des Lumieres

ممارسة الدين كحل سياسي لشعوب مشكلتها فقدان العدالة لا التنظير. الشعوب السودانية كلها تعرف الدين وتعرف التنظير في الدين. ولكن ممارسات أفراد النظام لا يعرفون معاني الدين وأخلاقياته والعدالة والمساواة. لقد أقحمت الشعوب السودانية في فترة حكم الحركة الإسلامية في عصور سلفية تبنت الجهاد وهو ذروة سنام الإسلام ضد أبناء وطنها. ولا يأتي الجهاد إلا إذا اكتمل بناء ما تحت ذروة سنام الإسلام. أصبح الشعب يصف الحكام بأنهم جهلاء وأنهم كقديسي الكنائس والكاتدرائيات. والعالم الإسلامي كله امتداد لبعضه البعض. ولقد قمعوا رواد التنوير من المفكرين الأحرار المسلمين الذين عاشوا في المغرب والأندلس في القرنين العاشر والثاني عشر مثل: أبو بكر الرازي وابن سيناء والفارابي وابن رشد. قمع الفكر الحر وساد الظلام بينما نهلت أوروبا من هؤلاء الفلاسفة والعلماء ونمت علمياً وسياسياً واقتصاديًا. والحقيقة الواقعة أن الحركة الإسلامية السودانية تبدلت من موقف إلى آخر حتى اندثرت قبل تبلورها لأن الحركة التي تنبهر بفيلسوفها وبعقلية تقليدية لا يكتب لها النجاح لأنها كانت محاطة بسياج الدين وفلاسفتها مشغولون بقيادة القطيع. ولكن سرعان ما دب الملل بين القادة والمرشدين وشهدت حكومة الجبهة الإسلامية عللا قد أورثتها الشعب السوداني. الكل يعرف أن البشير لم يكن المقصود الأول ليكون رئيساً. كان من المفترض أن يكون قائد الثورة هو العميد عثمان أحمد الحسن آنذاك ولكن اختلف معهم في أن يترك أمر إدارة السلطة التنفيذية للعسكريين وان تكون علاقة المدنيين بالثورة علاقة غير مباشرة تقتصر على الإشراف والدعم السياسي والشعبي. لهذا السبب تم استبعاده مع أنه المسئول العسكري في خلايا الجبهة الإسلامية في القوات المسلحة. هذا ما ذكره أحد الإسلاميين في كتابه الترابي والإنقاذ صراع الهوية والهوى عبد الرحيم عمر محي الدين والذي تولى مناصب عدة في الحركة الإسلامية: كيف

بدأ الصراع بين الترابي والبشير. في هذا الكتاب كشف صاحبه الإسلامي والذي كان في خضم المعمعة بشكل توثيقي تتابع انقلابات الإسلاميين ضد بعضهم بعضا وانتقالهم من دكتاتورية إلى أخرى. ولكن الترابي بسعيه لتصفية العسكريين كانت بمثابة العاصفة أو القشة التي قصمت ظهر البعير لأن البشير لم يكن يأمن مكر الترابي. وأصبح الإسلاميون وغيرهم يشتكون من هيمنة الترابي فكانت الشكاوى تأتي للبشير. وعندما جاءت مذكرة العشرة التي ترفض هيمنة الترابي علي الحكم وتقدم بها بعض كوادر الحركة الإسلامية الذين يبحثون عن الشورى في داخل أروقة الحكم، سنحت الفرصة للبشير للإطاحة بالترابي. فرض قوانين الطوارئ وحل البرلمان. وجاء على لسان بكري عثمان سعيد في نفس الكتاب: أيدنا مذكرة العشرة لأنها هدفت للشورى وحكم المؤسسات ولأنها كما قيل جاءت ضد دكتاتورية الترابي. ولكن يرى الكثيرون أننا لم نجد شورى ولا حكم مؤسسات بل تحولنا من دكتاتورية الترابي إلى دكتاتورية من هم أقل منه علماً ومعرفة.

بعدما تطورت الأحداث خاف ريب الترابي من أن يتكرر مشهد نميري مع الشيوعيين. فباع علي عثمان سيده وشيخه ليبقى هو في الحكم ويسير بالحركة الإسلامية بوجه آخر وجلد آخر. خان شيخه وانحاز للبشير ليأوي في مرتع السودان محمي بصلف العسكر وكبتهم للحريات وجهلهم في الحكم والسياسة في مسرح اللا معقول السوداني. هذه حركة إسلامية أكلت بنيها واحترق شيخها من شدة الدكتاتورية وتمزقت من بعده أوصال الحركة وانقشعت سحابة الدين وصمتت الدعوات للدين إلا في المواسم السياسية الحرجة والمنعطفات الخطيرة لاستدرار عطف الجمهور السوداني البسيط. احترقت المؤسسة الإسلامية في السودان ديناً و سياسياً واندثر بنائها الفكري والأخلاقي كما اندثرت الحركة الإسلامية في السودان. كانت محاولة فكرية فاشلة جاءت لتحكم متدثرة

بالزيف والخداع ولبست ثوب الدين فلوثته. اعتمدت على عواطف الشعب السوداني وشطرت تماسك المجتمع وفكره الراسخ وثقافته المتنوعة والمتناغمة جراء الانشطارات الإسلامية ذات البعد الفكري والثقافي المستورد. لم تكسب الحركة المنشطرة من مثقفي بلادي حين خرجت من السلطة بل خرج منها الكثيرين من ركائزها الإسلامية.

أكثر ما يثير الغضب وطنياً ويفقد ثقة العالم دولياً هو كذب المسئولين. رئيس أكبر وأقوي وأكثر دول العالم ثراءً، أي الولايات المتحدة تورط في فضيحة جنسية مع عاملة في البيت الأبيض. ولكن إجراءات محاسبته لم تتم بسبب ذلك، بل كانت بسبب أنه كذب علي الأمة الأمريكية حين سألوه عن علاقته بها وقال أنه ليس له علاقة بها. لتفادي محاكمته وطرده من البيت الأبيض، ظهر أمام شاشات التلفاز واعترف بأنه لم يقل الحقيقة وبذلك تم إعفائه من الطرد Impeachment. علي أن جهابذة الإنقاذ لك يتورعوا عن الكذب في أي مما يقولونه. قال وزير المالية مشاكل القطاع الصحي التي نجمت من الاجراءات الاقتصادية اشتملت علي تخفيض أموال التيسيير للوزرات الاتحادية بنسبة 30%، والتحديات التي تواجه الميزانية من الصرف علي الخدمات الأساسية والمستشفيات، بعد فقد جزء كبير من الإيرادات بعد الانفصال، مما يتطلب الموازنة بين الامكانيات الشحيحة في اوجه الصرف [12]. هذا الخبر يعني ببساطة أن ضآلة ما تصرفه الدولة علي الصحة شوف يتدني ليبلغ صفر. ولعله من السذاجة الاشارة إلي أن الموازنة بين الامكانيات الشحيحة والصرف لن تمس المقدسات كجهاز الأمن أو جيش المستشارين.

خلال مخاطبته لورشة تطوير الصناعة الدوائية الوطنية تطوع علي عثمان بنصح

---

[12]. الصحافة 2011\2\14

شركات الدواء بالتحلي باخلاقيات المهنة الإنسانية ومراعاة حقوق المواطنين. وأضاف أن فاتورة الدواء أصبح تمثل ضغطاً نفسياً علي الأسر، خاصة الدواء ذا الاستخدام المتكرر. بعد أن تخلي النظام عن مسؤوليته الأخلاقية في دعم الدواء، فهو يقدم الحل الناجع للمشكلة: نصيحة غالية للشركات؛ كأن سيادته يجهل أن القطاع الخاص يعمل من منطلق واحد هو الفائدة؛ وكأن رسالة المشروع الحضاري قد نسخت قول الفاروق لو أن شاة عثرت علي شاطئ الفرات لسئل عنها عمر يوم القيأمة. هؤلاء اتبعوا أهواءهم ومن أضل ممن اتبع هواه بغير هدي.

نشرت صحيفة حريات خبر مصحوب بوثيقة، أشار إلي أن السودان قد أصبح مزبلة نفايات الكترونية. وذكرت أن البلاد قد استقبلت في عام واحد 586 حاوية من النفايات الالكترونية، وتحولت بذلك إلي أكبر مقبرة للنفايات في العالم. وأفادت بتورط وزراء في استجلاب هذه النفايات عبر منظمات حكومية؛ وان الذين يتعهدون بالتخلص منها يتلقون مبالغ طائلة،علماً بان لها اضرار بالغة علي الإنسان والزراعة والمياه. وقد اجرت حريات لقاء مع نزار الرشيد، الخبير في النفايات النووية، الذي أفاد بانه خلال عشر سنين سيكون لدينا 22 مليون مصاب بالسرطان (حريات 9\4\2011). بحسب البنك الدولي والأمم المتحدة، يتبوأ السودان المرتبة الأولي في الشرق الأوسط وشمال أفريقيا من حيث انتشار مرض الايدز. وحسب البرنامج القومي السوداني للإيدز (حكومي)، يبلغ عدد المصابين ب 400 ألف حسب إحصائية 2004. وتشير الدراسة التي بين أيدينا علي أن هذا رقم متواضع لحساسية البعض عن الحديث عن هذا المرض، خاصة الأُميين. صحيح أن الحكومة ليس لديها مسؤولية مباشرة عن انتشار هذا المرض، كمسؤوليتها عن انتشار الفشل الكلوي من رداءة التصريف، أو السرطانات بسبب النفايات

الالكترونية والأسمدة الفاسدة. ولكنها مسؤولة بطريقة غير مباشرة، لأن تردي الخدمات الصحية قد أدي لإلتقاط نسبة معتبرة من المرضي الفيروس من خلال عمليات نقل دم. هذا ما ذكرته عائشة إبراهيم، التي تعمل متطوعة مع جمعية المصابين بالايدز، وهي احدي ضحايا هذا التردي إذ إلتقطت الفيروس بتلك الوسيلة.مسؤولية النظام أيضاً في أنه لا يصرف علي الحملة ضد الايدز ويعتمد علي العون الخارجي، (26 مليون دولار من أمريكا، التي قال عمر البشير أنه يضعها تحت حذائه)، والمنظمة البريطانية (Global Fund). مسؤوليةلمظام تتمثل أيضاً في أنه كان يرفض الاعتراف بوجود الايدز في دولة المشروع الحضاري،التي لا تقل طُهراً عن دولة المدينة. لذا، فقد ظل حتي عام 2003 يرفض مواجهة الوباء، ويرفض بث الوعي عنه، من خلال الإعلام والمناهج الدراسية، ويرفض تداول العازل أو الواقي. أكبر مصدر لانتشار هذا الوباء هو تفشي الدعارة، احدي الأمراض الاجتماعية التي بثها النظام الإسلامي، بسبب الفقر والبطالة. أغلقت وزارة الصحة بولاية سنار المستشفي الصيني. وهناك روايتان حول سبب الإغلاق.

تقول الأولي، التي يمثلها ولاء الدين المعزل، أن غالبية الأطباء الأجانب غير مسجلين بالمجلس الطبي، كما لا توجد رقابة مباشرة علي عملهم، وتم اكتشاف مخالفات. أما الرواية الثانية، فيمثلها اثنان: شرف الدين هجو، الذي قال أن المستشفي الصيني إضافة حقيقية للصحة بالولاية؛ ودكتورة سارة حسن عبدالله، التي طالبت بضرورة الاسراع في فتح المستشفي، لما يقدمه من إضافة وتطوير للخدمة الصحية. وتفيد بعض المصادر بان الإغلاق تم لأن هنالك لوبي من الأطباء المقربين من صناع القرار قد تضرروا، لأن المستشفي الصيني يقدم خدمات صحية مجانية لشريحة واسعة من الفقراء؛ ويرون أن اعادة فتحه تُعد هزيمة لهم واقتطاعاً لجزء من رزقهم وتقديمه علي طبق من فضة

للصينيين[13]. والواضح أن الرواية الثانية أقرب للصواب لأن هذين الطبيبين ليس لديهما مصلحة مادية في عمل مستشفي يقدم خدمات مجانية. وإن كانت المسألة عدم تسجيل الاطباء الأجانب، وعدم وجود رقابة عليهم، فالعلاج يكون بتسجيلهم ورقابتهم وليس بإغلاق المستشفي. يشير هذا الخبر إلي فوضي ضاربة الاطناب إذ أن أطباء السُلطة جعلوا من مرض المواطن ساحة حرب فيها منتصر ومهزوم. وتراجع مستوي الخدمات العلاجية في مستشفي الابيض التعليمي، وباتت لا ترتقي لإستيعاب الأعداد الكبيرة من المرضي، الذين يدفعون ثمن ذلك العجز فبات عليهم تكبد عناء السفر للعلاج؛ كما أسهم ذلك العجز في ازهاق أرواح البعض، وآخرون اقعدتهم فاتورة الاسعاف الباهظة ليجدوا حتفهم الأكي وقد اتضح أن المستشفي يعاني من شيخوخة متأخرة في بنيانه حيث شُيد قبل اكثر من ستين عاما، دون أن تساهم الدولة في تجديده. عند تشييده كان هذا المستشفي يستهدف عددا محدودا من السكان، لا يتجاوز عددهم العشرة آلاف إلا أنهيستهدف حالياً ربع سكان السودان. ومر فريق الصحافة علي مرتع الاوساخ والتبول والنفايات شمال المشرحة وجنوب كلية الطب، فلم يستطع الوقوف لاكثر من ثلاث دقائق، من كآبة المنظر وسوء الحال[14].

ارتفعت حالات الاصابة بمرض الكلازار بولاية القضارف إلي أكثر من 5 555، فيما بلغ عدد الوفيات أكثر من 140 حالة سنويا. وتخوفت مصادر طبية من تحول المرض إلي وباء. وعزت مصادر طبية بالولاية أن ارتفاع عدد الوفيات والاصابات إلي وصول المرضي في حالات متأخرة من المرض إلي مشافي العلاج، بجانب مصاحبة المرض لامراض اخري فتاكة، مثل الايدز

[13] الصحافة 22\2\2011

[14] الصحافة 20\2\2011

والدرن والتهاب الكبد الوبائي. ولا يقتصر هذا الداء علي القضارف إنما يشمل ولاية سنار ومناطق الحدود الشرقية. وأكثر الانواع خطورة الذي يهاجم الغشاء المخاطي والجهاز الهضمي والكبد والطحال ويؤدي إلي فقر الدم، ومنه نوع يفتك بجهاز المناعة[15]. يصيب هذا المرض الذين يعانون من الفقر المدقع وسوء التغذية؛ وفي بعض القري يكون كل السكان مصابين به. ويستقبل مركز علاج الكلازار، الذي تديره منظمة أطباء بلا حدود، 150 مريضا يوميا، يسافر بعضهم مسافة 130 كيلومترا من أجل الحصول علي العلاج. وكان مبني المركز ضيق المساحة بحيث يُعالج المرضي تحت الأشجار. ألغي مستشفي سنار العمليات الجراحية وعمليات التوليد بسبب انعدام مواد التخدير والشاش والأدوية المنقذة للحياة. حدث ذلك بعد أن سدد أهالي المرضي كافة الرسوم المقررة للعمليات. وتم إلغاء عشرين عملية عاجلة بينها حالات ولادة قيصرية[16].

ظهرت ظاهرة غريبة شهدتها منطقة الخوي بشمال كردفان، تمثلت في حالة ضحك هستيري وقهقهة عالية وهذيان غير معروف السبب أصاب ثمانين شخصاً وتكهن عبدالحميد منصور، وزير الصحة بشمال كردفان، بأن نوعاً من تقاوي القمح المخصص للزراعة تسرب إلي الأسواق قد تسبب في هذه الحالة. وإن كان عدد سكان السودان الشمالي 30 مليون، منهم اثنين مليون طفل مريض بالسكر، وثمانية ملايين حالات غير مكتشفة، 35 ألف مريض قلب، 450 طفل يحتاج لزرع كبد، 450 ألف مصاب بالسرطان، أربعة آلاف فشل كلوي، 20طفل يضافون يومياً للفشل الكلوي (730 سنويا)، 600 ألف مريض درن، 400 ألف ايدز، 500,000 كالازار. فكم يبلغ عدد الأصحاء في

---

[15] الصحافة 25\1\2011

[16] الصحافة 26\1\2011

دولة المشروع الحضاري؟ هذا مع الوضع في الحسبان أن إحصائية السرطان، هي لعام 2006، وإحصائية الايدز أعلاه لعام 2004. ومع الوضع في الحسبان أن عدد المرضي بالدرن والايدز يتزايد باستمرار لسهولة العدوي. ومع الوضع في الاعتبار أن هذه الإحصائيات والدارسات تنحصر في أقاليم معينة ومحدودة من القطر؛ وهنالك أماكن منسيّة لا علم بحالة قاطنيها الصحية، كجبال النوبة والبحر الأحمر والأنقسنا ودارفور. كم يبلغ عدد الأصحاء فهو شريحة ضئيلة، علت في الأرض وإنتفخت كروشها، وإحتكرت ثروة البلاد، وحولت منها أرصدة في الخارج، وتتطاول في بنيان القصور بعد فقر وفاقة.

الأمة السودانية صارت تحتضر وتعاني الموت الآني والمستقبلي، لأن الأثر لهذا الوضع الصحي المأسوي لا يقتصر علي الحال فقط بل يتعداه للأجيال القادمة، حتي بالنسبة للأمراض غير الوراثية، لأنه يؤدي لإفراز جينات أضعف. ذلك لأن للعديد من الأدوية آثار جانبية منها ما يضعف جهاز المناعة، خاصة مع انتشار سوء التغذية والفقر. أن معاملة نظام الخرطوم لشعبه كرب أسرة حباه الله بالنعم ولكنه عديم المسؤولية؛ ينفق علي الهوي واللذة، بينما يتصدّق الغرباء علي أطفاله بالطعام مثل منظمة الغذاء ومرضي الدرن. ويعالجهم المحسنين مثل أطباء بلا حدود ومرض الكلازار من فرنسا وأمريكا. والحال أن هذا الشعب العظيم يتعرض لإبادة جماعية؛ ويبدو اننا نحتاج أن ندخل مفهوم ومبدأ جديد لمجلس الأمن والمحكمة الجنائية نطلق عليه مبدأ التدخل الأُممي لحماية الشعوب من الابادة بسبب الإهمال الصحي.

12. دارفور وسقوط أنظمة الإستبداد

Darfur and the Demise of Dictatorial Regimes

خلال إحياء الأمم المتحدة ذكرى مرور عشر سنوات (2004) على عملية

التطهير العرقي في رواندا أشار كوفي أنان الأمين العام للأمم المتحدة السابق. إلى الموقف في السودان وقتها. وطالب بتحسين الإتصال بمن يحتاجون الحماية والمساعدة. قال أنه إذا لم يسمح للعاملين في مجال الإغاثة وخبراء حقوق الإنسان بدخول دارفور فيتوجب على المجتمع الدولي أن يكون مستعدا لإتخاذ الإجراءات المناسبة. وهذه ربما تشمل عمليات عسكرية. علي أنه لم يتحسن أي شيء في أحوال دارفور وعلى الرغم من وجود قوات لحفظ السلام فشلت حتى في الحفاظ على سلامها. فغارات الأجهزة الأمنية والعسكرية للنظام ومليشياته لا تزال مستمرة. وعادة يزيد الأمر سوءً في موسم الأمطار إذ يحرم سكان المنطقة تماما من الغذاء ويقطع الطريق أمام المساعدات الإنسانية للنازحين داخل السودان من كل عام. للخريف والشتاء كذلك سطوتهما التي تضاعف معاناة وبؤس النازحين والمهجرين داخليا وخارجيا الذين يعانون الأمرين في المعسكرات وبالنتيجة حياة مئات الآلاف من الأشخاص في تهديد مستمر سواء بسبب الغارات أو تعاقب فصول الطبيعة وعواملها. هذا يكسب قضية تفعيل دور القوات الدولية أي قوات حفظ السلام اليوناميد أهمية متزايدة خصوصا أن أزمة السودان في دارفور تعدت حدودها المحلية لتصبح أزمة إقليمية وبالذات في ظروف الغليان الليبي والوضع التشادي الهش. المسئولية الأولية في حماية شعب دولة ما تقع على عاتق الدولة إلا أنه تقع خسائر كبيرة في حياة الناس بسبب تصرفات متعمدة من قبل الدولة. كذلك تقع عمليات تطهير عرقي واسعة النطاق تطبق ليس فقط عن طريق القتل ولكن عن طريق الطرد الإجباري بل وملاحقة حتى الدارفوريين العاملين بليبيا. وقد سبق أن أتهموا بالقتال جنبا إلى جنب القذافي ضد الثوار وتم إرسال كتائب أمنية لتصفيتهم داخل الأراضي الليبية على أساس أنهم يتبعون للحركات المسلح. بل وتم تمييزهم عن السودانيين بتسميتهم دارفوريين وفقا

لخطاب البشير في الدوحة ووصفهم بأنهم تسببوا في مشكلة للسودانيين الآخرين في ليبيا. السودانيين بمختلف قبائلهم خارج بلادهم هم فقط سودانيين ولاغير. وهذاهو إمعان في ممارسة التميز ضد الدارفوريين ليس فقط في إقليم دارفور أو داخل السودان بل ملاحقتهم با لتميز حتى في دول إغترابهم. ذلك أيضاً سلوك معيب لدولة إرهابية مغتصبة إعتادت عدم إحترام شعبها. لذلك نجد أن مبدأ عدم التدخل العسكري الفعلي يتلاشى أمام المسئولية الدولية للحماية. تخلى النظام الإسلاموي في السودان عن مسئولياته وهو في الواقع متواطيء تماما مع الفظائع التي تحدث للدارفوريين داخل السودان وفي ليبيا وتشاد. وكان يجب على العالم أن يتصرف تصرفا شجاعا بعد أن ثبت بالتجربة أن القوات الدولية الموجودة في دارفور عمليا وجودها غير فاعل لحماية المدنيين. وخصوصا بعد أن تكررت إنتهاكات النظام للإتفاقات المتعلقة بشأن نشر قوات حفظ السلام. وفقا لتقرير صادر عن الأمين العام بان كي مون (2009) السودان يقوم بمضايقة أفراد يوناميد وتقييد حركتهم في خرق لإتفاق مع الخرطوم بخصوص نشرهم. كذلك هناك الوقائع المتكررة لقيام مسئولي الحكومة بمنع الوصول إلى دوريات يوناميد وهي إنتهاك مباشر لإتفاق وضع القوات الموقع مع حكومة السودان وإعاقة خطيرة لقدرة البعثة على تنفيذ تفويضها وبات إستمرار المذابح في دارفور على نطاق واسع. وكان حسام بهجت مدير المبادرة المصرية للحقوق الشخصية في صحيفة الحياة اللندنية 2004/4/25 ذكر أنه بين الخامس والسابع من مارس 2004 قام رجال الإستخبارات العسكرية السودانية بصحبة أعضاء من مليشيا الجنجويد الحكومية بإعتقال مائة وثمانية وستين رجلا من قبائل الفور الأفريقية المسلمة في دارفور بغرب السودان. وبعد تعذيبهم قاموا بقتلهم جميعا رميا بالرصاص. قبل ذلك ببضعة أيام قامت نفس المليشيا بإحراق ثلاثين قرية في منطقة

الطويلة شمالي دارفور. وقتل حوالي مائتي شخص وتم إغتصاب أكثر من مائتي فتاة وإمرأة. بعضهن أغتصبن على يد قرابة أربعة عشر رجلا وعلى مرأى من آبائهن الذين قتلوا فيما بعد. هذا إضافة إلى إختطاف مائة وخمسين إمرأة ومائتي طفل من نفس المنطقة في 27 فبراير 2004. هذه بعض الروايات التي خرجت إلى العلن في 2004. وحتى الآن ليس ثمة تغيير واضح في الوضع الإنساني في الإقليم. الوضع لم يختلف كثيرا على مدى السنوات المنصرمة وفقا لتقارير الأمم المتحدة ومنظمة العفو الدولية ومنظمة مراقبة حقوق الإنسان وأطباء بلا حدود وغيرها.

التقارير الرسمية وغيرها تشير إلي أن القوات الحكومية قامت على مدى السنوات الماضية بتهجير ما يقرب من مليوني سوداني من قراهم في دارفور غربي السودان. منهم مئات الآلاف عبروا الحدود إلى تشاد إضافة إلى قصف قرى دارفور بالطائرات الحربية. في الوقت ذاته كان ما يقرب من عشرين ألفا من رجال المليشيا الجنجويد التي قام النظام بتجنيدها وتسليحها، يقومون بعمليات قتل جماعي وإحراق لقرى بكاملها ليصل عددها إلى ثلاثمائة قرية. وبلغ تقدير تعداد القتلى عام 2004 بما يزيد عن ثلاثين ألفا في أكثر التقديرات تحفظا. ووفقا للأمم المتحدة تعرضت كل فتاة وإمراة ليس لها أطفال في بعض القرى لعمليات إغتصاب جماعي في معسكرات الجنجويد. وذكرت منظمة العفو الدولية أن حوالي ستة عشرة إمراة في غرب دارفور كن يتعرضن للإغتصاب كل يوم في طريقهن لجلب الماء من الوادي. كان على هؤلاء النسوة العودة في التالي إلى نفس المصير بسبب حاجة قراهن للماء وعلمهن أن رجالهن سيقتلون لو ذهبوا بدلا عنهن لجلب الماء. كان إغتصابهن الجماعي المتكرر أهون شأنا من ترملهن وتيتم أطفالهن. أما قصص خطف الأطفال فقد وصل إلى درجة مروعة من اللاإنسانية وإنعدام الضمير. إستغل النظام

الإسلاموي انشغال المجتمع الدولي بالتوصل إلى إتفاق سلام مع الحركة الشعبية في جنوب السودان ليقوم بنقل قطعه الحربية إلى غرب البلاد وإنتهاج نفس سياسة الأرض المحروقة التي إتبعها من قبل للتخلص من جماعات إثنية وثقافية مزعجة متمثلة في الجنوبيين. ثم جاء وقف إطلاق النار الذي يجدد كل خمسة وأربعين يوما ليضمن حرمان أكثر من مليون من المهاجرين من العودة إلى منازلهم وأراضيهم التي لم تعد توجد أصلا. وبينما كان النظام يتفاوض مع المتمردين استمرت قواته ومليشياته في مهاجمة المدنيين في الإقليم المنكوب وخرق الإتفاق الذي خلا من أية آلية للمراقبة أو إشارة لحقوق الإنسان.

كانت خطيئة هؤلاء الضحايا الوحيدة هي إنتمائهم إلى نفس الأصل العرقي لقادة ومقاتلي حركتي تحرير السودان والعدل والمساواة. وحتى بعد توقيع إتفاق وقف إطلاق النار في 8 أبريل 2004 بين الحكومة والمتمردين لقى ما يقرب من مائة الف شخص آخرين مصرعهم. قامت مليشيا النظام الإسلاموي بتدمير المحاصيل وتلويث منابع المياه وسرقة وقتل الماشية وإحراق الأراضي الزراعية وتهجير سكانها إلى العراء. بما يهدد منطقة فقيرة ومعتمدة بالكامل على الزراعة بمجاعة وصفها مسئول كبير في الأمم المتحدة في ذلك الحين بأنها أسوأ كارثة إنسانية راهنة على الإطلاق.

بعد كل هذه السنوات كان ما جرى ويجري تحت سمع وبصر العالم ما هو إلا عملية منظمة للقضاء على قبائل الفور والزغاوة والمساليت مع سبق الإصرار والترصد. وظل الحديث داخل أروقة الأمم المتحدة يدور حول إرتكاب النظام لحملات تطهير عرقي ضد مسلمي دارفور الأفارقة من قبل نظام الترابي الإسلاموي الذي تقمص هيئة نظام إسلامي وجرائم ضد الإنسانية بشكل منهجي كما عرفتها إتفاقية المحكمة الجنائية الدولية. غير أنه ليس من الصعب

إدراك أن المجتمع الدولي ظل يتفادى لوقت طويل تسمية ما يحدث بإسمه الحقيقي الواضح وهو أن ما حدث ويحدث هو جريمة إبادة جماعية بالمعنى القانوني الكامل. تنص إتفاقية منع جريمة الإبادة الجماعية والمعاقبة عليها الصادرة عن الأمم المتحدة 1948 على أن الإبادة الجماعية تشمل قتل أعضاء من الجماعة أو إخضاعها عمدا لظروف معيشية يراد بها تدميرها المادي جزئيا أو كليا أو إلحاق أذى جسدي بأعضاء من الجماعة أو نقل أطفال منها عنوة إلى جماعة أخرى. ذلك حين ترتكب هذه الأفعال بقصد التدمير الكلي أو الجزئي لجماعة قومية أو إثنية أو عنصرية أو دينية بصفتها هذه تعتبر إبادة جماعية. ومع ذلك ظل المجتمع الدولي يراوح مكانه بسبب ترتيبات السلام في الجنوب إلى أن أصدرت المحكمة الجنائية الدولية أمر قبض ضد رأس النظام الإسلاموي في مارس 2009 بتهم إرتكاب جرائم حرب في دارفور كخطوة تمهيدية للكثير من الإجراءات. وجاء توقيت تصاعد حملة الإبادة هذه والإنتباه المتأخر للمجتمع الدولي إليها في غاية الدلالة على حالة الإنسانية عموما والوضع العربي خصوصا. في الوقت الذي ترتكب فيه هذه الفظائع كان العالم ينكس رأسه خزيا في الذكرى العاشرة لمذابح رواندا. وصحف العالم تسترجع الدروس المستخلصة من خذلان المجتمع الدولي لضحايا الهوتو والتوتسي المعتدلين وتناقش ما يجب فعله لمنع هذه الكارثة من التكرار. وفي الذكرى العاشرة لمذبحة رواندا 2004 كانت الدورة السنوية للجنة حقوق الإنسان بالأمم المتحدة منعقدة في جنيف حيث إجتهدت الدول العربية في حشد الأصوات لمنع صدور إدانة لإنتهاكات حقوق الإنسان في السودان ووقف الجهود من أجل تعيين مقرر خاص لمراقبة الأوضاع هناك. أصرت الكتلة العربية على عقد جلسة خاصة لمناقشة إغتيال الشيخ أحمد يس أحد زعماء حماس ولم تتحدث دولة عربية واحدة عن مذابح دارفور. وتصادف أن شاهدت المنطقة في ذلك الوقت تسارع الجهود المحمومة

لعقد القمة العربية. هذا دون أن يستغرب أحد خلو جدول أعمالها من أية إشارة إلى حقيقة أن نظاما ًعربيا ًيعمل بجد على إفناء بعض أقلياته. وكالعادة في مثل هذه الأوضاع يكتفي القادة العرب بشأن السودان بأمر واحد فقط وهو جهود جمع الأموال لصالح صندوق إعمار الجنوب. بالطبع دخلت هذه الأموال في جيوب قادة النظام الإسلاموي أسوة بأموال البترول لتضمن بعض الدول العربية القلقة وعلى رأسها مصر قدرة النظام الإسلاموي على تقديم الرشاوى الكافية لمنع سكان الجنوب من تحبيذ خيار الإنفصال. ومع ذلك مضى الجنوب بإتجاه الإنفصال بعد أن أصبحت الوحدة خيارا طاردا خصوصا بعد حملة التعبئة الإسلاموية التي ظلت صحيفة الإنتباهة تشنها وفشل الحكومة في الوفاء بإلتزاماتها تجاه إستحقاقات السلام. ولا تختلف الصورة كثيرا على صعيد المجتمع المدني العربي. فقد توالت بيانات المنظمات والإتحادات وقتها تدين وتستنكر بأشد الألفاظ إغتيال الشيخ يسين ثم أحداث الفلوجة وبعدها خطة بوش بشأن فلسطين. ثم إغتيال عبد العزيز الرنتيسي. ولم تبدر أي اشارة لما يحيق بمئات الآلاف من السودانيين. بل سارع بعض هذه المنظمات للتطوع بتسمية أحداث الفلوجة جرائم إبادة جماعية. كان اغتيال الشيخ يس جريمة ضد الإنسانية. وهؤلاء أنفسهم هم من عبروا علنا عن إنزعاجهم في 2003 عندما أسفرت التحقيقات عن كون أحداث مخيم جنين جرائم حرب فقط وأصروا على أنها مذبحة. حتى أن بعض الكتاب العرب سارع إلى إدانة تهديد كوفي عنان بتدخل المجتمع الدولي لضمان وصول المساعدات الإنسانية لنازحي دارفور. كانوا هم الذين كانوا قد رحبوا بالتدخل الإنساني لحلف الناتو دون تفويض من الأمم المتحدة لنجدة ألبان كوسوفو الذين قدر عدد ضحاياهم فقط بعشرة آلاف قتيل. وهم أنفسهم الذين قدموا كل دعم ممكن وغير ممكن للمجتمع الدولي في سبيل التدخل العسكري في ليبيا لحماية المدنيين مع أن الناتو رغم

تدخله لم يحمهم. كما قدموا دعمهم من قبل للحملة الأطلسية على العراق. وقد لا تكون أحداث دارفور في نفس الجاذبية الإعلانية لتطورات القضايا المركزية بالنسبة إلى العرب كفلسطين والعراق وليبيا مؤخراوربما اليمن وسوريا وغيرها من البلدان العربية لاحقاً. غير أن من الواجب تكرار هذه الحقيقة أن ذلك لا يزال يتكرر من نظام يبيد أقليات دارفور. كان على الجامعة العربية أن تتخذ موقفا بشأن ذلك مثلما فعلت بخصوص ليبيا بدلا عن جعجعة عمرو موسى بالتقليل من شأن مشكل دارفور. فذلك وحده الذي سيحدد مدى إنسانية العرب وأنهم قد تخلصوا فعلا من ثقافة وأد البنات والسلب والنهب والغزو والجواري والغلمان الجاهلية. فالجميع مسئول عن وضع دارفور من المحيط إلى الخليج. وللأسف لم يكن هناك تفاؤل بأن تعبر الجامعة العربية عن موقف إيجابي سوى مزيد من التواطؤ ضد السكان الأصليين الأفارقة في دارفور فهم لا يختلفون كثيرا عن أكراد سوريا وبدون الكويت وأمازيق شمال أفريقيا من مهمشي البلدان العربية.

منذ الإستقلال ظل إقليم دارفور مصدرا للأيدي العاملة الرخيصة حيث كان يأتي قطار خاص لإستقطاب العمال بطرق مخادعة والذين كانوا سرعان ما يكتشفون هذا الخداع عندما يصلون المشاريع الزراعية حيث يعملون تحت ظروف سيئة وبإجور ووضعية لا تختلف عن السخرة في شيء. ومثالا لذلك مات الكثيرون نتيجة لمرض البلهارسيا في الإقليم الأوسط. وأجبر الكثيرون على البقاء دون القدرة على تحسين أوضاعهم وأصبحوا بذلك أرقاء. الجيش الذي ظل كمؤسسة مماليك حربية يتوارث فيها الأبناء عن الآباء مهنة الحرب على علاته حرم الدارفوريين من دخول كليته كما حرموا من دخول كلية الشرطة وتم إستغلالهم أسوأ إستغلال فالدخول للمؤسسة العسكرية محكوم بنسب مئوية محددة حسب العرق.

أعتقلت مجموعة من الضباط في الجنوب من قبل جنود في الرتب الدنيا من دارفور. إثر تعذيب أحد الضباط لزميل لهم لأنه لظروف مرضية رفض الخروج إلى الغابة وعندما وجدوه مربوطا تحت المطر بعد تعذيبه أُستفزوا. وإثر ذلك جاء رئيس الوزراء آنذاك محمد أحمد المحجوب من الخرطوم. وعندما لم يتوصل معهم لحل للمشكلة أرسل إليهم نواب دارفور بالبرلمان. كذلك حرص المركز على إلا يحكم دارفور أحدا من أبنائها. فظل يفرض عليها حكاما من خارج الإقليم ونوابا من خارج الإقليم. قال محمد إبراهيم نقد أن في دارفور القبائل العربية أو غير العربية مرتبطة بشكل أو بآخر بحزب الأمة وطائفة الأنصار. وكان مركز حزب الأمة يحدد مرشحي الدوائر البرلمانية في ذلك الإقليم. لكن أهل الإقليم أخذوا يرفضون الترشيح الذي يقوم به المركز العام لحزب الأمة. وبدأوا يقولون يجب أن نختار مرشحينا. أيضاً تعرض الدارفوريون لمعاملة قاسية حتى الموت من قبل نظام مايو عقب أحداث 2 يوليو 1976 حيث دفن البعض أحياء وتم القبض على البعض بصورة إعتباطية دون أن يشتركوا في ما سمي بالغزو الليبي. وعقب ذلك أصبحوا مستهدفين بحملات الحكومة عليهم وترحيلهم من العاصمة القومية كأنهم ليسوا بسودانيين. حاولت حكومة الصادق المهدي منعهم من التظاهر إزاء ممارسات حزب الأمة في دارفور. وأجتهد حزب الأمة في إستغلال القضاء لإحباط ذلك لكنه فشل. ونجد أن ما مورس في دارفور من إنتهاكات لا يعد ولا يحصى. إبتداء من الإنتهاكات المعنوية بتوصيف أبناءها بالجهويين العنصريين الزرقة. هذا من مفردات يراد بها التقليل من شأنهم وحط قدرهم أو إنتهاكات مادية مثل الحرمان من التنقل داخل الوطن كما في عهد السفاح نميري. ذلك إلى جانب حالة الطواريء المستمرة في الإقليم وما يتبعها من إنتهاكات لحقوق الإنسان. وقد إرتكب نظام الجبهة الإسلاموية في الخرطوم العديد من الإنتهاكات والجرائم ضد

الإنسانية في دارفور. ما عرف منها قليل جدا مقارنة بما تم فعلا أبرازها في العقد قبل الماضي في مذبحة الضعين. وهي الوثيقة الدامغة لبؤس السياسة في السودان. كتب عنها سليمان بلدو وعشاري أحمد محمود صيف 1987. ولم يستغرق إبطال مفعول ما كتب عن هذه المأساة الإنسانية أكثر من بيان أصدره السفير ميرغني سليمان وكيل وزارة الخارجية في 1987/9/2. قال فيه أن إسترقاق الدينكا كما أورد المؤلفان أمر يحظره الدستور والنظام الديموقراطي القائم في البلاد.

13. مجازر 1991-1992

The 1991-1992 Massacres

بدأت مجزرة منطقة ودعة عندما أرسلت الحكومة جيشها بحجة تفريق القبائل وفض الإشتباك والقضاء على عصابات النهب المسلح كما زعمت الحكومة. أرسلت عدة كتائب من اللواء السابع مشاة الفاشر ونيالا وعدة ألوية من قوات الدفاع الشعبي. وقامت هذه القوات بحرق وتدمير 18 قرية. بمنطقة أسبا ندوها وتم إحراق إمراة مع مولودها الذي لم يبلغ خمسة أيام بعد ونهب مبلغ 300,000 جنيه من زوجها الذي يدعى إبراهيم أبوجيب أصيب علي أثر الحادث بإختلال عقلي. وقامت قوات أخرى بقيادة الملازم أول صدام في ضواحي منطقة ودعة. وأثناء صلاة الظهر بإغلاق أبواب مسجد المنطقة وإطلاق النار من كل الإتجاهات على المصلين في مشهد لهو أسوأ من المجزرة التي أحدثها الخُليفي فقتل 24 شخصا في الحال. وذلك تحت مظلة الخطة الأمنية لودعة تحت قيادة اللواء السابع مشاة / المنطقة الغربية. ومن بين القرى التي تم حرقها وتدميرها وتهجير أهلها ثلاث قرى بمنطقة أسباندوها قرية جريوة قرية زغاوة لموا وهي أربع قرى بمنطقة خزان جديد

وثلاث قرى بمنطقة ودعة، قرية كرو، حلة آدم وقرية تيلقو.

تعود هذه الأحداث إلي عقدين مضت من الزمان وكان قتل داؤود بولاد هو أحد مؤشرات فاصلة لأمور جرت بعد عقد من الزمان بعد الأحداث المشهورة في دارفور خاصة بوادي صالح وعد الغنم والمناطق المجاورة لها. تم القبض على أعضاء حركة بولاد كما تم إعتقاله هو الآخر والتحقيق معه بمدينة نيالا وتصفيته سريعا دون محاكمة تحت إشراف والي دارفور الطيب سيخة[17]. وبعدها تم قتل مجموعة من قواته. وقتل البعض الآخر في الطريق بين نيالا والفاشر. بالتحديد في وادي دومايه. وقتل جميع الأسرى أثناء إعتقالهم. في سجن شالا بالفاشر. تحت إشراف الوالي الذي حاول إرغام البعض على دخول الإسلام. مقابل تقديم الماء والغذاء والعلاج ورفض ذلك عدد منهم حوالي 24 أسيرا. على رأسهم الملازم بورينو من قبيلة الدينكا. والذين أسلموا دبرت سلطات الوالي إغتيالهم سرا. إذ أرسلت ليلاً أفراداً من جهاز الأمن العام والإستخبارات التابعة للواء السابع التي كان يرأسها العقيد ركن عثمان محمد صالح والرائد أمن جودة وأفراد من الإستخبارات هم: آدم تموا وأبو آمنة وعباس مصطفى عباس وود حامد أحمداي وآخرون. حيث أخرجوا هؤلاء الأسرى من سجن شالا وكان ذلك بحضور ملازم سجون محمد شرارة والرقيب سجون إبراهيم أبو الكل وبعض من أفراد قوات السجون. وبعدها تم إقتيادهم وعلى رأسهم الملازم بورينو والملازم عبدالرحمن من قبيلة الفور وهو معاق إثر

[17] رغم شيوع الحديث أن بولاد قتل بيد أو بأوامر من الطيب سيخة إلا أن هناك معلومات اخري رشحت عن أنه أعتقل وبقي حياً في معتقله حتي وصول كمال عبد اللطيف من الخرطوم علي متن طائرة خاصة وفي مهمة عاجلة كما قيل. طلب الأخير لقاء بولاد ورفض ذلك الطيب سيخة حتي وصلته تعليمات من الخرطوم أن يسمح لكمال بلقائه. وحكي حارس الزنزانة أم بعد دقائق من دخول كمال ولقائه لبولاد سمع صوت عيار ناري وحين هرع ليري ما حدث وجد كمال عبد اللطيف في يده مسدس. وقال حينها أن بولاد هجم عليه واضطر ليرديه قتيلا.

إصابته بشظية طلق ناري. قادوهم إلى مقر الإستخبارات باللواء السابع وزج بهم في مستودع لمدة أربعة أيام. توفي منهم 6 بسبب الحر والجوع والعطش. وتم عقد إجتماع برئاسة عقيد ركن جوهام مدير مكتب الوالي وعقيد عثمان محمد صالح مدير شعبة الإستخبارات العسكرية ورائد أمن جودة مدير أمن محافظة الفاشر بالإنابة ويعقوب آدم حسين أمين أمانة المؤتمر الوطني في التنظيم السياسي الحاكم وشخصيات أخرى. وكان الغرض من الإجتماع هو البحث في كيفية تصفية الأسرى. أما الستة الذين ماتوا داخل المستودع فقد تم تسليمهم لشخص يدعى عبد النور لدفنهم وهو ملاحظ صحة ببلدية الفاشر. أما العشرون الذين تمت تصفيتهم في الطريق المؤدي إلى نيالا فقد تم دفنهم في مقابر جماعية بالقرب من قوز أبو زريق حسب إفادات شهود عيان.

داؤود بولاد كان أحد أعضاء جماعة الأخوان المسلمين المتشددين وكان مثقف وملتزم ولكنه رأي العلامات علي الحائط بصورة واضحة أن الحركة كان قد تم الاستيلاء عليها من قبل جماعات عرقية داخلية في حركة الأخوان المسلمين وأن وهم أن لا فرق بين عربي وأعجمي كان ساتراً لما سيأتي وقد أتي فيما بعد. تمرد داؤود ابن دارفور وحسب أنه يمكنه أن يجمع أبناء إقليمه حوله لتكوين كيان يهيمن علي الإقليم الواسع. لم يكن موقف داؤود مختلف عن الراحل دكتور خليل إبراهيم الذي كون حركة العدل والمساواة وجعلها صنوانًا للقوات المسلحة السودانية بعد عشرة أعوام. علي أن ردود فعل أبناء دارفور كانت مختلفة فلم يحظي داؤود بتأييد مثل ذلك الذي حصل عليه خليل إبراهيم وكان الجميع مقتنع بمصداقية الحركة الإسلامية وأن حكومة الخرطوم خير سند لهم. وكذلك كانت القبائل العربية في مناطق جنوب وغرب دارفور فساندت القوات الحكومية وطاردت فلول داؤود بولاد وقبضت عليه. وكان معها من أبناء دارفور جعفر عبد الحكم من قبيلة الفور والذي كان مساندا قويًا للخرطوم

وحركة الأخوان المسلمين. ولكن رغم قصر عمر حركة داؤود بولاد فقد كان أثرها عظيما، إذ أنها أوضحت للقبائل الأفريقية أنهم يأتون في مؤخرة ذيل الطبقة الاجتماعية في الإقليم وأنهم لهم حقوقاً أقل بكثير من الفئات النيلية في الحركة الإسلامية والقبائل العربية الدارفورية وأن هناك ثمة تحالف بين الأولي والثانية. أفرخ ذلك التحالف في السنوات التالية ميليشيات الجنجويد وكانت المجازر العرقية وغيرها من الفظائع التي جعلت العالم كله يصوب أنظاره تجاه الإقليم. وصارت همسات حرية أبناء الإقليم تحت نظام الخرطوم بصورة فيدرالية أو كونفيدرالية صرخات لانفصاله عن الوطن الأم. وتحولت الصرخات إلي عمل مسلح يدمي القوات الحكومية ويستنزف كل موارد البلاد.

لم تكن تلك أعمال فردية بل أصبحت نمط. فقد قام المقدم كمال محجوب الرشيد وملازم أول سراج الدين بإرتكاب مجزرة بشعة بشرق منواشي. راح ضحيتها إثني عشرة شخصا من أبناء قبيلة الزغاوة والفور. حيث قاموا بإطلاق النار على هؤلاء الأبرياء دون هوادة. وقتلهم جميعا. وبعد إرتكاب هذه المجزرة بيومين. علم ذووهم بالأمر وتم إبلاغ السلطات كالعادة ثم نقلوهم إلى المستشفى في الفاشر. وتجمع المواطنون ما لا يقل عن عشرة آلاف مواطن للتظاهر ضد هذه الجريمة البشعة. إلا أن السلطات قامت بمحاصرتهم بكل أنواع السلاح وأمرت أسر الضحايا بإستلام الجثث. وإلا ستكون العواقب وخيمة. وتضامن مواطني الفاشر مع أسر الضحايا وطالبوا بمعرفة الأسباب ومحاكمة المجرمين. منفذي هذه المجزرة. ولكنها السلطات رفضت ذلك وأعلنت تهديداتها عبر مكبرات الصوت. وأمهلت المواطنين ربع ساعة فقط لمغادرة المكان. وإلا سوف تطلق عليهم النار من الأرض. ومن الجو بواسطة إحدى مروحياتها التي كانت تحلق وقتها فوق رؤوس الناس. وعندما إنقضت المهلة وتحركت المروحية تجاه المواطنين إضطروا للهرب خوفا من الهلاك.

تكررت أحداث مماثلة في شمال مليط 1993 حين قام المقدم كمال محجوب الرشيد ومجموعته بالقبض على ثمانية مواطنين بشمال مليط. قاموا بتوثيقهم بالحبال ثم تم جرهم بواسطة عربات لاند روفر إلى أن تنصلت أطرافهم. وتوفي إثنان منهم في الحال. أما البقية فقد وضعوا على رؤوسهم إطارات سيارات بعد سكب مواد حارقة عليها. وأشعلوا فيها النار حتى ماتوا جميعا متأثرين بتلك النيران. وعندما علم ذووهم بالأمر قاموا بفتح بلاغ ولكن السلطات قالت بأنهم من عصابات النهب المسلح. وأنهم قاوموا رجال الجيش.

أصبحت مجازر المواطنين نمطاً مألوفاً في إقليم دارفور كله. في عام 1995 أشعل والي ولاية غرب دارفور محمد أحمد الفضل نيران الحرب بين المساليت والعرب. بقراره الشهير بمنح أرض المساليت لعرب أم جلول. فبدأت أعمال العنف والعداء وكان رد الحكومة هو عزل الوالي وتعيين اللواء حسن حمدين ما جعل المنطقة عمليا تحت الحكم العسكري. وأستهل الحاكم الجديد حكمه بحملة إعتقالات واسعة وسجن وتعذيب أبناء المساليت. خاصة المتعلمين منهم والعمد والشيوخ وأعضاء مجلس الولاية. بدأت المليشيات العربية عملياتها بمهاجمة قرى المساليت في أغسطس 1995. وفي بداية الهجمات هوجمت قرى مجماري شرق الجنينة وتم في هذه المجزرة تدمير كل القرى وحرقها وقتل 75 مواطنا. على نحو بشع. وجرح 170 آخرون وتمت سرقة 650 رأس من الماشية. وفي مجزرة مماثلة هاجمت المليشيات العربية قرية شوشتا جنوب غرب الجنينة مساء 5 يوليو 1995. حيث قتلت على الأقل 45 مواطنا معظمهم نساء وأطفال وتم نفس الشيء في قري قدير وكاسي وبارونا وميرياميتا وكادمولي وقرى جبال بيرتابيت. ومعظم الهجمات كانت تتم ليلا. فعند وصولهم للقرية أي القوات الحكومية والمليشيات يبدأ المهاجمون في إشعال النيران في كل القرية. والمواطنون الذين يهربون تحصدهم البنادق.

وتتوافـق الهجـمات مـع مـواسم الحـصاد وبهـذا عرضـت القـوات الحكوميـة والمليشيات المساليت لخطر المجاعة. وأجبرتهم على هجر أرض أجدادهم. وفي واحدة من أسوأ الهجمات في قرى جبل جنون قُتل عدد من أفراد المليشيات بواسطة المساليت ووجدت وثائق بحوزة القتلى.تثبت أنهم يذتمون للجبهة الإسلاموية. وتثبت الوثائق تـورط الجبهـة الاسلاموية في هـذه المجازر. ومن بين القتلى وجد مواطنا سوريا يدعى محمود محمد شقار. وآخر ليبي إسمه فتحي عبد السلام. وآخر جزائري يدعى بلومي حما وعدد من المواطنين التشاديين. ويثبت كل ذلك أن الجبهة الإسلاموية السودانية تنفذ الهجمات بالتعاون مع تنظيمات الحركات الإسلاموية الأجنبية. وتكررت المجازر في 16 مارس 1997 حيث تصاعد العنف حينما هاجمت المليشيات منطقة بايدا في الجنوب الغربي من دار مساليت. إستخدمت المليشيات سيارات اللاندكروز والخيول حيث أطلقت المدافع. وفي التالي كانت قرى: عجباني وأندريقا وميرمتاه وتيمبيلي وحرازة وأم خرابة وبيوت تلاتة وعشابة وصابيرنه وكاسي وشـوش تاه وكال كوتي وكاسيا تم تدميرها تماما. وقتل أكثر من 440 مواطنا. بينهم 150 إمراة و50 طفل وتم تشريد أعداد هائلة. إلى أماكن غير معلومة. وهنالك شبهة أن يكون قد تم إسترقاقهم. بواسطة المليشيات. وفي يوم 4 أبريل 1997 قتل قائد المليشيات الذي إتضح أنه شمالي عقيد في الجيش السوداني. وفي أواخر أبريل 1997 أستخدم ذات الأسلوب في مهاجمة منطقة أسبرينا شرق الجنينة. وفي غضون خمسة أيام تم تدمير وحرق حوالي 150 قرية من قرى المساليت. وقتل أكثر من 500 مواطن. وتم تشريد حوالي 3 آلاف مواطن ونهب 400 رأس من الماشية. وفي العام 1998 نفذت المليشيات. 4 هجمات على مناطق: قدير هشابة جبل الليري. وقتل في هذه الهجمات حوالي 430 من أبناء المساليت. كما تم حرق حوالي 120 قرية. وتم نهب 390 رأسا من الماشية.

وخلال كل هذه الفترة كانت الحكومة تقوم بمد المليشيات بالسلاح والمعدات والعربات وتعدهم عسكريا. وفي المقابل تقوم بنزع السلاح من المساليت وتفرض عليهم قانون الطوارىء الذي يقيد حقهم في الدفاع عن أنفسهم وحريتهم في الحركة ويعرضهم للإعتقالات الجماعية والقتل خارج نطاق القضاء. ويتم تجنيد شباب المساليت قسرا وإرسالهم إلى الجنوب ليشاركوا في الجهاد ضد الجنوبيين[18]. بينما يترك شباب العرب لشن الهجمات على المساليت كبار السن الباقين مع النساء والأطفال. وبتصاعد الهجمات بات جلياً أن الجبهة الإسلاموية تهدف إلى التطهير العرقي الشامل لقبائل المساليت. ففي يوم 17 فبراير 1999 أول أيام عيد الفطر المبارك شنت الجبهة الإسلاموية هجوماً شاملاً على دار مساليت بعد أن أعلن وزير الداخلية عبد الرحيم محمد حسين في بيانه للإذاعة أن المساليت قاموا بقتل زعماء العرب وهم خارجون عن القانون ومناهضون للحكومة ويشكلون طابورا خامسا. وبتحرك من النافذين في الجبهة الاسلاموية بدارفور تم فتح الباب على مصراعيه للمليشيات لشن هجمات كاسحة وواسعة على المساليت. وتم عقد إجتماعات شاركت فيها قبائل عربية من دارفور ومناطق أخرى داخل السودان وخارجه. وأعلنت الحرب على المساليت. وقدمت السلطات المزيد من المعدات والسلاح والعربات والمال. إلخ. وتم إغلاق المنطقة وحظر على أى مواطن مغادرتها. وفي الهجوم الكاسح الذي تم الإعداد له. والذي بدأ في يناير 1999. إستخدمت طائرات الهليكوبتر لمساندة المليشيات. وقتل في هذه الهجمات أكثر من 2000 مواطن وجرح الآلاف وأضطر عشرات الآلاف للهرب إلى تشا حيث قدر عدد هؤلاء وقتها بأكثر من 100,000 لاجيء من أبناء المساليت. وقتل في مارس

---

[18] مجلة حقوق الإنسان السوداني. (كتاب غير دوري) المنظمة السودانية لحقوق الإنسان. القاهرة. العدد الثامن. يوليو 1999. ص: 16.

1999 أكثر من 100 مواطن من أبناء المساليت بواسطة المليشيات.

تعيد المجازر التي أرتكبت بحق المساليت من قبل الحكومة ومليشياتها إلى
الأذهان المجازر التي أرتكبت ضد الفور في 87-1989 من قبل الحكومة
ومليشياتها. ويبدو أن الصفوة الحاكمة في الخرطوم تصر على إعادة انتاج تجربة
الإبادة الجماعية في دارفور بين كل فترة وأخرى إلى أن يتم إحلال كامل للقبائل
المجلوبة من الجوار الأفريقي. خسر الفور في حرب العرب ضدهم في 1987
ألفين وخمسمائة من رجال القبيلة وأصبح المئات معاقين. كذلك فقد الفور 40
ألف رأس من الماشية وأحرقت لهم 400 قرية يعيش بها عشرة ألف نسمة.
وبلغ عدد النازحين منهم الذين أصبحوا لاجئين في المناطق الحضرية في الإقليم
عشرات الألاف. وشهد قطاع البستنة الصغير لكن القوّي والحديث في
إقتصاد الفور نكسة خطيرة إذ أقتلعت أشجار الفاكهة أو أحرقت. وفقدت
إستثمارات كبيرة من السيارات وطلمبات المياه والمحاريث والمطاحن أو ما يمكن
أن نسميه القطاع الحديث الصغير النامي من اقتصاد الفور.

بمجيء حكومة الإنقاذ في 1989 تم التكريس لحالة الطواريء. وأطلقت الدولة
يدها في دخول الأماكن العامة والخاصة والتفتيش دون إذن أو أوامر وتحديد
إقامة وحركة المواطنين والإستيلاء على الممتلكات الخاصة بحجة إستخدامها في
ملاحقة الجناة من عصابات النهب المسلح. كما تم التشهير بالمواطنين بإسم
الإسلام في قضايا أخلاقية بإسم المحافظة على شئوون العقيدة الإسلامية
وإيقاف حركة المواطنين بالسيارات التي عرفت بصمت الحركة في كل أسبوع
إبتداء من ليلة الأحد وحتى صبيحة الثلاثاء. فتعطلت مصالح الناس وكان
ذلك بحجة توفير الوقود إستعدادا لتحمل المشاق ومحاربة أميركا[19]. ثم أصبح

---

[19] صحيفة الشرق الأوسط. عدد 2004/5/27

السماح للمواطنين بالحركة في يوم الصمت أي الإثنين من كل أسبوع عن طريق تصديق برسم مالي. كما تمت إزالة منازل بعض المواطنين لأغراض بيع الأرض في خطط إستثمارية دون سابق إنذار. وعندما أوقفت المحكمة المختصة تلك الإجراءات لم تعترف سلطة الطواريء بأمر المحكمة. وتدخل أصحاب النفوس المريضة بإسم الإصلاح والأمر بالمعروف والنهي عن المنكر في أخص خصوصيات المواطنين. وكادت أن تحدث فتنة دينية عندما لاحق هؤلاء مواطنا من جنوب دارفور إسمه يوسف من ُأم عربية مسلمة وأب مسيحي قبطي. وحكموا عليه بالجلد لعلاقته بفتاة مسلمة أفضت للزواج. وهكذا خلال أقل من سنة في العام 2003 2004 خلقت سياسات الجبهة الإسلاموية في دارفور صراعا طاحنا خلف عشرات الآلاف من القتلى ومئات الآلاف من اللاجئين في تشاد وآلاف النازحين داخل السودان[20]. وتم حرق آلاف القرى وإغتصاب غير محدود العدد للنساء إلى جانب نهب الممتلكات. ومنع وصول الإغاثة إلى المتضررين. دفع ذلك المتحدثة بإسم الأمم المتحدة ماري أوكابي وقتها للقول أن الموقف الإنساني في دارفور لا يزال مثيراً للقلق. وأكدت منظمات عديدة أن آلاف الأشخاص يفتقرون إلى المواد الغذائية الأساسية. وهو ما يعرض حياتهم إلى الخطر. مع عدم قدرة عمال الإغاثة على الوصول إلى العديد من المدنيين البالغ عددهم أكثر من مليون نسمة والذين تضرروا من النزاع. ومع إشتداد الصراع يوم بعد آخر تُخلق موجات جديدة من اللاجئين والنازحين بإستمرار وضعا كارثيا. ففي إحصاء المفوضية العليا لشئون اللاجئين بالأمم المتحدة(2004) أن 18 000 لاجيء آخرين عبروا الحدود إلى تشاد في 23 يناير 2004. وأكدت منظمة أطباء بلا حدود أن المساعدات الإنسانية والغذائية المقدمة للاجئين في دارفور لا تكفي بتاتا لمنع وقوع مجاعة بين أكثر

[20] إعترف رأس النظام فقط بعشرة ألف قتيل.

مـن 80 ألـف لاجيء في مدينة مـورناي وحدها[21]. وأكدت متحدثة بإسم المنظمة حينها أن حوالي 200 لاجيء يموتون شهريا مشيرة إلى أن اللاجئين لا يزالون يتعرضون إلى إعتداءات من جانب مليشيات الحكومة السودانية. التي تسيطر على المنطقة المحيطة بمخيم اللاجئين. وأضافت المتحدثة أنه تم بين سـبتمبر 2003 وفبرايــر 2004. تـدمير 111 قرية بالكامـل وقتـل آلاف الأشخاص إستنادا إلى دراسة وضعتها المنظمة ومعهد بحوث الأوبئة. وأتهمت منظمة مراقبة حقوق الإنسان الحكومة السودانية بالتواطؤ في جرائم ضد الإنسانية. حيث قامت في إطار حملة حرق وتدمير المزارع والأراضي بقتل آلاف المدنيين من أبناء جماعات الفور والزغاوة والمساليت وإغتصاب النساء والفتيـات وإختطاف الأطفـال ونهـب عشرات الآلاف مـن رؤوس الماشية وغيرها من الممتلكات في العديد من أنحاء دارفور. هذا إلى جانب تدمير موارد المياه بصورة متعمدة. وقال موظفوا إغاثة أن آلافا من اللاجئين في دارفور يواجهون خطر أن تتقطع بهم السبل على الحدود مع تشاد ومعرضون لهجمات العصابات ما لم ينقلوا إلى مخيمات قبل بدء موسم الامطار.

قامت منظمة مراقبة حقوق الإنسان في بداية خروج أسرار هذا الصراع الطاحن إلى العلن مدة 25 يوما في غربي دارفور والمنطقة المجاورة، بتوثيق إنتهاكات حقوق الإنسان في المناطق الريفية المأهولة سابقا.

14.   المعتقل الكبير..الوحشي

The Great Bestial Prison

---

[21] صحيفة الحياة اللندنية. عدد 2004/5/27

درج بعض الصحافيين العرب والسودانيين على مهاجمة الولايات المتحدة لسوء معاملتها للمعتقلين بمعتقل جونتانامو والذى تحتجز فيه من أسمتهم بالإرهابيين.

هؤلاء الصحافيون يكتبون عن معتقلات من أسموهم الكفار ناسين ومتجاهلين لما يتم فى ديار الإسلام من تعذيب وإنتهاكات صارخة لحقوق الإنسان. هذه الكتابة المتحيزة هى نفس ما جرى بالسودان منذ إطلاق سراح بعض المواطنين السودانيين من معتقل جوانتنامو الأمريكى بعد أن قضوا فيه بضع سنوات. هؤلاء المواطنون تمّ إلقاء القبض على بعضهم بواسطة القوات الأمريكية بعد غزوها لأفغانستان أو بعد حربها فيما يسمى بمكافحة الإرهاب إثر حادثتى تفجيرات سفارة الولايات المتحدة بتنزانيا وتفجيرات مدينة نيويورك. ومعظم هؤلاء المعتقلين تم القبض عليهم بواسطة دول اجنبية أو دول إسلامية وجرى التحقيق معهم فى هذه الدول ومن ثبتت عليه تهمة الإرهاب تم تسليمه للولايات المتحدة ومن ثبتت براءته أوعدم خطورته تم إطلاق سراحه بعد سنوات قضاها فى المعتقل.

حينما تم إطلاق سراح بعض المواطنين السودانيين من الإعتقال وعادوا للسودان إحتشدت الصحافة والتلفزيون ووسائل الإعلام والمسئولين فى إستقبالهم ومرافقتهم حتى منازلهم. لكن أن يتخذ الإعلام والصحافيون من وصول المعتقل مادّة للهجوم على الولايات المتحدة وسوء معاملتها للمعتقلين ويبالغون فى الشجب والإدانة ويسخرون أقلامهم بالحق والباطل فى تضخيم ما جرى لهؤلاء المعتقلين من تعذيب ناسين أو متناسين أن ما تم لهؤلاء من سوء فى المعاملة كان بأيدى من يصنفونهم بدول الكفر والإستكبار.

صمت هؤلاء الصحافيون والإعلاميون وحملة الأقلام والدعاة صمت القبور بتجاهلهم التام لما كان يجرى على مسمع ومرأى منهم فى دولة الإسلام

بالسودان من تعذيب وإنتهاك للحرمات وحقوق الإنسان ببيوت الأشباح طيلة عقدين ونيف من عمر حكومة المشروع الحضارى الإسلامية. لاقى فيها آلاف المواطنين شتى صنوف التعذيب والإضطهاد وسوء المعاملة والقتل على أيدى زبانية دولة الشريعة المزعومة. وما تمّ من إنتهاكات لحقوق اللاإنسان بدولة المتأسلمين بالسودان لتتقاصر عنه أفعال دولة الكفر بجوانتنامو ولا شك إطلاقاً فى أن النتيجة ستكون لصالح الكفار إذا تمّت المقارنة. فى دول الكفر يعتقلونك فى ميدان الحرب أو يختطفونك من دولة أخرى أو تسلمك لهم دولتك أو دولة إسلامية أخرى إحتميت بها أو دولة أجنبية أو حليفة إختبأت بها أو مررت بأجوائها أو بتمويلك لنشاطات إرهابية بعد متابعتك لسنوات وربما حققوا معك فى هذه الدول وإذا لم يجدوا سبباً كافياً للإحتفاظ بك أطلقوا سراحك وإذا وجدوا دليلاً عليك نقلوك إلى معتقلهم. وربما يعذبونك نفسياً وبوسائل تكنولوجية. وفى دولة الإسلام المزعومة يعتقلون من المنزل من بين الأطفال أو من مكان العمل أو يختطفون من الطريق العام فى الطريق إلى البيت حاملاً قوت الأولاد أو عريس فى ليلة زفافه أو عند الوصول بالمطار مسرع لتلحق بمراسم جنازة أحد الوالدين. يعتقلون الناس بالشبهات أو بماضيهم الحزبى أو بالإنتماء فى المرحلة الثانوية أو بمواقف فى إنتخابات إتحاد الطلبة أو بالإشتباه فى الإنضمام لتنظيم مناوئ أو بوشاية من زميل مسلم فى دول الإغتراب والذى حدثت نعه مشادة فى يوم من الأيام. وفى كل الأحوال ينقل المعتقل إلى بيوت الأشباح ويمارسون معه شتى صنوف العذاب والإهانة وإنتهاك الحرمات. يبدأ التعذيب من لحظة دخول المعتقل وقبل بداية التحقيق للإرهاب ضربًا بالعصى والسياط وخراطيم المياه. وفى التحقيق يرى الأهوال من إنتهاك للأعراض وأخصاء وإغتصاب بإدخال أجسام صلبة فى مؤخرة المعتقلين أو جرّهم من أعضائهم التناسلية أو التعليق من الأرجل والتقييد

بطريقة وحشية. وكل ذلك متبوعاً بأسوأ عبارات الشتم والتجريح.

فى دولة الكفر والإستكبار يعتقل الشخص المشتبه به لوحده ولا علاقة لأسرته به ولا يتضررون بفعله مهما ارتكب من جرم. وفى دولة المشروع الحضارى إذا حضر الأمن لإعتقالك ولم يجدك أو هربت أو إختفيت فربما يعتقلون أخاك أو أحد أفراد أسرتك لإجبارك على الظهور وربما يسام المعتقلون الذين لا ناقة لهم ولاجمل صنوفاً من العذاب والإهانة وإن لم يحدث ذلك فثق فى أن اباك أو أخوانك سيطالهم كشف الإحالة للصالح العام. يحدث كل هذا من أدعياء الإسلام الذين يقرأون قول الله جلّ جلاله ولا تزر وازرة وزر أخرى. أما ما هو أدهى وأمر أن يهددوك بإحضار زوجتك أوإبنتك وفعل المنكر معها أمام الناظرين. وربما يقوم أمن الكفّار بتفتيش سكنك أو مكتبك ولكن أمام شهود وبتصديق من السلطة القضائية بصورة قانونية لا لبس فيها وأقصى ما يحملونه من ممتلكاتك هو جهاز الحاسوب لتحليل المعلومات المحفوظة به وإن لم يجدوا شيئاً اعادوه سالماً لمكانه.

فى دولة الاسلامويون يعتقلون ويفتشون المكتب والمنزل بدون شهود أو أمر قضائى وينهبون محتوياته من أثاث ومقتنيات خاصة حتى ملابس الأطفال والنساء ويتوزعونها فيما بينهم كالغنائم ويصادرون العربات الخاصة ويستخدمونها لأشهر ثم يسلمونها بعد الوساطات لأهلك خردة. وكمثال فقد تمّ نهب منازل على الميرغنى ومنزل المرحوم عمر نور الدائم ونهب منزلى بعد إعتقالى بساعات ونهب مكتب رجل الأعمال معتصم قرشى ونهب منزل تاجر الجلود رحمة الشيخ وتوزعوا ممتلكاته وهى تقدّر بالملايين. استعملوا عربة الأمير نقد الله لأشهر وسلموها لأهله خردة. فى دولة الكفار يقوم بالتعذيب جنود ليست لهم أى صلة من ناحية العرق والجنس والإنتماء والدين وربما ليس

لهم دين أيضاً ولم يسمعوا بعيسى إبن مريم عليه السلام وتعاليمه ولم يقرأوا الإنجيل أو يعرفون القرآن. وفى دولة الشريعة بالسودان يقوم بالتعذيب مواطنون سودانيون مسلمون يعرفون الإسلام ويقرأون القرآن وتعاليم النبى الكريم وأحاديثه وينحدرون من مختلف القبائل السودانية فى مختلف بقاع السودان. منهم شماليون من أمثال أبوزيد والطاهر ووليد من أبناء حلفاية الملوك والجمرى والعبيد ومقبول من أبناءالشمال واحمد محمد وعلوان من أبناء الجزيرة. ومن أبناء الشرق المدعو طوكراوى ومن أبناء كردفان وجبال النوبة عمر وحسين ودلدوم والدومة ومن دنقلا عبد الرحمن وعبد الرضى. كل هؤلاء وكثيرون غيرهم يعملون تحت إمرة رؤساء وضباط سودانيون ومسلمون من أمثال نافع وحسن ضحوى وصلاح قوش ومحمد الأمين وعبد العال وعاصم كباشي وأحمد على عيساوى وآخرون كثر من جهاز الأمن السودانى الإسلامى. كلهم يصلّون ويصومون ويقرأون قول الله تعالى ولقد كرمنا بنى آدم كما يعرفون قول المصطفى صلوات الله وسلامه عليه: كل المسلم على المسلم حرام، دمه وماله وعرضه. وربّما قام حرّاس معتقل دولة الكفر بالإساءة لكتاب الله الكريم أو مزّقوه أو وضعوه فى مكان غير لائق به فهم لا يعرفون قيمته وربما لايعرفون قيمة الإنجيل كذلك وربما منعوا المصلين من أداء شعائرهم فى بعض الأوقات. ذكر أحد المعتقلين (س.أ.م) فى معتقلات دولة المشروع الحضارى كنت أقرأ فى المصحف فى أول ليلة بالمعتقل فحضر المدعو حسين وفتح باب الزنزانة وقذف المصحف من بين يدى برجله. لقد منعونا من تلاوة القرآن والوضوء والصلاة لعدة أيام بحجّة اننا ملحدون. أما صلاة الجماعة فلم يسمحوا لنا بها إلا بعد مضى ما يقارب الثلاثة أشهر وبعد الإنتهاء من المحاكمات الصورية وقبل إعلان الأحكام علماً بأن عددنا كان يزيد على الخمسين معتقلاً ببيت الأشباح الرئيسي. فى دولة الكفر والإستكبار تم إيقاف الإعتداء على كتاب الله بعد

إعتراض ضابط أمريكى مسلم تمّ إلحاقه على المعتقل ليكون مسئولا من الشئون الدينية للمعتقلين فتمّ إحضار حامل من القماش بما يشبه المعلاق قديماً وتمّ تثبيته فى سقف الزنزانة ليضع عليه المعتقل المصحف بعد القراءة كما أحضر لكل معتقل سجادة للصلاة وأزيلت كل الممارسات التى إشتكى منها المعتقلون فيما يتعلّق بممارسة طقوسهم الدينية.

بعد نقله من المعتقل بدأ هذا الضابط الأمريكى فى الحديث مع زملائه وقادته عن سوء المعاملة التى يتلقاها المعتقلون بجوانتانامو. إعتبر الجيش أن مايقوم به هذا الضابط يخرج عن التقاليد العسكرية والإنضباط وطلبوا منه الكف عن هذا الحديث فقدّم إستقالته من الخدمة وصار يقوم بإلقاء المحاضرات فى الجامعات والمراكز الثقافية ومنظمات حقوق الإنسان مبرزاً مساوئ هذا المعتقل والممارسات السيئة التى كانت تمارس فيه. حدا ذلك بمنظمات حقوق الانسان والمدافعين عن الحريات بالضغط على الحكومة لإزالة كلما يتعلق بإنتهاكات حقوق الإنسان أو سوء معاملة المعتقلين. كما قام بعض القساوسة والمنظمات الكنسية بإدانة تمزيق المصحف ومنع المعتقلين من أداء شعائرهم الدينية وطالبوا الحكومة بتصحيح الوضع بما يتيح للمعتقلين أداء شعائرهم بحريّة مطلقة وحفظهم لكتابهم المقدّس فى المكان اللائق به.

فى دولة المشروع الحضارى طُلب من الضابط المسئول عن المعتقلات المدعو محمد الأمين محمد الأمين والذى كان برتبة النقيب فى عام 1991 بأن يحضر سجّادات الصلاة التى أحضره المعتقلين من منازلهما مع بقية متعلقاتهم وأن يسمح لهما بالخروج للوضوء فى جميع أوقات الصلوات. ردّ بأنه لا حاجة لهم بالصلاة إذ أن أيامهم فى الحياة قد صارت محدودة. وفى دولة االشريعة المفترى عليها بالسودان لم يقم أي من حملة الأقلام أو الدعاة أوأئمّة المساجد بإدانة ما

يحدث من إنتهاكات لحقوق الإنسان وسوء معاملة المعتقلين المسلمين ببيوت الأشباح والتى سارت بها الركبان طيلة العقدين الماضيين من حكم بنى أميّة الجدد. انطبق هذا القول على إثنين من علماء الدين وخطبائهم الذين كان الناس يتدافعون بالمناكب لأداء شعيرة الجمعة من خلفهم مستمعين للنقد الطفيف للحكومة الذى كان يقوم به هذان الخطيبان وهما عصام أحمد البشير والحبر نور الدائم وينخدع به المصلّون الطيبون.

إذا مرض المعتقل فى دولة الكفر والإستكبار فهنالك مستشفى وأطباء إختصاصيون يعالجونهم وإذا احتاج لجراحة فهنالك جرّاحون مؤهلون وإذا حاول الإنتحار يفعلون المستحيل لإنقاذه وإذا أضرب عن الطعام يطعمونه قسراً حتى لا يموت. وفى دولة المشروع الحضارى أطباء الهلال الأحمر الإسلامى هم الذين يزورون المرضى ببيوت الأشباح عند الضرورة أو يأخذونهم لمكاتب أمن الخرطوم بحرى ليقوم بالكشف كبلّو أو عبد الرازق أو أطباء إسلاميون آخرون ليقرروا أنك بخير ولا تحتاج لعلاج. وإذا حاول الإنتحار فى المعتقل يساعدونهم على ذلك وإذا أضرب عن الطعام فهو هالك لا محالة. فى دولة الكفار يقومون بإطعام السجين جيّداً وبحسب السعرات الحرارية المطلوبة لصحة الإنسان وبقاءه معافى كما يلتزمون بتقديم الطعام فى مواعيده وفى أوانى نظيفة وصحيّة. وفى دولة الإسلام المزعومة يقدّم طعاماً رديئاً لا يقربه الإنسان إلامضطراً وفى آنية عفا عليها الزمن. ليس هذا هو الطعام الذى تقدّمه الدولة ولكنه من بنات أفكار الحرّاس أما طعام المعتقلين فيأخذه الحرّاس إلى منازلهم بعد إنتهاء نوباتهم تحت سمع وبصر الضابط المسئول عن المعتقلات. وإذا تمّ الأجل وتوفّاهم الله فى معتقل الكفّار فسيحضرون أطباء شرعيين محايدين لمعرفة سبب الوفاة وسينقلون إلى حانوتى مسلم لتجهيز الجثمان وسيضعون فى صندوق جميل ويرسلون مندوبًا

عنهم لتسليم الجثمان للسفارة أو لأهله فى أى مكان فى العالم وتصحبه شهادة الوفاة وتقرير الطب الشرعى. وإذا ثبت أن الموت كان من جرّاء التعذيب فسيقدّم المسئولون للمحاكمة أيّاً كانوا.

أما إذا توفّاك الله فى معتقل دولة المشروع الحضارى فثق بأنّهم سيأخذونك عند منتصف الليل إلى أسرتك وسيأمرونهم بالذهاب سرّاً لدفنك ولا يسمحون بتشييعك. وإذا رفضت أسرتك فسيدفنونك هم بمعرفتهم وهذا إذا كنت سعيد الحظ وقد تمّ إعتقالك من منزلك أو مكان عملك وقد كان لأهلك وذويك سابق علم بإعتقالك، سيسلمون أهلك شهادة الوفاة ممهورة بتوقيع طبيب إسلامى أو من أطباء الهلال الأحمر السودانى الإسلامويون ومختومة بختم المستشفى العسكرى أو مستشفى الشرطة توضح أن سبب الوفاة كان طبيعياً أو نتيجة للإصابة بالملاريا. أما إذا ما تمّ إعتقالك من الطريق العام ليلاً أو نهاراً أو تمّ إختطافك وتعذيبك ومتّ تحت أيديهم فالمثوي سيكون بقبر مجهول فى إحدى مقابر العاصمة أو قاموا برمى جثتك فى النيل وستصير عند أهلك فى زمرة من خرج ولم يعد ويطويك النسيان.

فى دولة الكفر يسمحون للصليب الأحمر بنقل مراسلاتك لأهلك فى أىّ من أركان الدنيا ويحضرون لك مراسلات أهلك ويباشر الصليب الأحمر الكافر إحضار جميع مستلزماتك وعلى الرغم من عزلك فى هذا المعتقل عن العالم الخارجى إلا أنهم يحضرون إليك الكتب والمجلات. وفى معتقل دولة المتأسلمين يتم عزلك عن العالم الخارجى تماماً ولا يعلم أهلك مكان إعتقالك ويمكن أخذك بعد محاكمة صورية من المعتقل إلى الدروة رأساً وسيسمع أهلك بإعدامك من المذياع أو فى نشرة التلفاز الرئيسية ولن يعرفوا مكان قبرك إلى يوم القيأمة. وفى دولة الكفار وبغضّ النظرعن جنسيتك أو دينك أو عنصرك

أو لونك يتطوّع محامون كفّار للدفاع عنك بدون أن تطلب أنت ذلك، ويطالبون بزيارتك و يقيمون الدنيا ولا يقعدونها دفاعاً عنك لا تأخذهم فى قولة الحق لومة لائم. يقومون بالإتصال بأهلك فى بلدك وربّما يقومون بزيارتهم على نفقاتهم الخاصّة ويخطرونهم بكل صغيرة وكبيرة عنك ولا يهدأ لهم بال حتى يتمكنوا من زيارتك ويتوكّلون عنك ويبذلون أقصى الجهد مع الجهات القضائية والعدلية ومنظمات حقوق الإنسان فى بلادهم وكل ذلك بدون مقابل مادى.

فى دولة المشروع الحضارى تحرم من حقّك القانونى فى توكيل محام للدفاع عنك وتقدّم للمحاكمة بدون دفاع ويمكن أن تتم محاكمتك بالإعدام وربّما يعدمونك. أمّا إذا سمح لك بمحامين فإنهم يمنعونهم من الإتصال بك قبل المحاكمة ويضعون أأمامهم العراقيل وربما يعتقلونهم ويهددونهم أو يجبرونهم على الإنسحاب أويطردونهم من المحاكم ولاحقاً يحاربونهم فى أكل عيشهم حتى لايتجرأ آخرون للدفاع عن المظلومين ولاشك مطلقاً فى أن الأستاذ أحمد المفتى رئيس لجنة حقوق الإنسان الإسلامية سيرد على إستفسارات منظمات حقوق الإنسان العالمية بأنك مجرم وقد أتيحت لك كامل فرص الدفاع وسيتبعه فى ذلك الأستاذ فتحى خليل نقيب المحامين فحسبنا الله ونعم الوكيل. إن الذين قامو بالتعذيب فى سجن أبو غريب بالعراق قام بكشف أمرهم وتصويرهم زملاء لهم كفّار مثلهم من ذوى الضمائر الحيّة فقامت الدولة بالإعتذار وشجبت دولتهم هذا العمل وأدانه رأس الدولة وكبار مسئوليها المدنيين والعسكريين وتمّت محاكمة المتسببين بشهادة زملائهم ووقّعت عليهم أقصى العقوبةعلى فعلهم الشائن من قضاة لم يقرأوا كلام الله الذى يقولولا يجرمنّكم شنئان قوم على أن لا تعدلوا صدق الله العظيم.

أما فى الدولة التى تدّعى الإسلام وتطبيق شرع الله فزملاء أباطرة التعذيب

فى جهاز الأمن السودانى الذين كانوا يشاهدون تعذيب المعتقلين ويعرفون مرتكبيه كانت تنقصهم الشجاعة لإيقافه أو التبليغ عنه لأنهم كانوا يعلمون أن اوامر التعذيب كانت تصدر من قمّـة الجهاز. آثروا السلأمة وكتموا الشهادة وجميعهم قد قرأوا حديث رسول الله صلوات الله وسلامه عليه أنصر أخاك ظالماً أو مظلوماً فقال رجل: يارسول الله أنصره أنكان مظلوماً أرأيت أن كان ظالماً كيف أنصره؟ قال: تحجزه من الظلم فإن ذلك نصره. والذين تمّ تعذيبهم وكانت لديهم الشجاعة للحديث بما جرى لهم وقاموا بالكتابة لرأس الدولة المسلم الذى يقرأ القرآن وقول الله جلّ وعلا: أن الله يأمر بالعدل والإحسان ذهبت شكاواهم إلى سلة المهملات. والذين تجرأوا ورفعوا دعاوى قضائية ضد معذبيهم وبدا التحقيق فيها تمّ إيقافها بواسطة رئيس قضاء دولة الشريعة وحفظت بدون إبداء الأسباب.

حملت رسالة اللواء حسب الله عمر التي قال فيها إلي الذين يحاولون حجب الرؤية عن الرئيس ويطوفون حوله دون أن تغيب عن ذواتهم وأغراضهم الصغيرة من جاه أو منصب أو مال انتصار لجهوية أو عرقية. صاروا يتدافعون نحو تقديم المشورة الخاطئة والرأي التالف غير أبهين لا يعصمهم عن ذلك عاصم: أقول لهم انفضوا إلي أهليكم يرحمكم الله أتركوا المؤسسات الرسمية الحزبية تعمل عملها فشأن أهل السودان أرفع من قاماتكم وأعظم مما تظنون تحمل الرسالة العديد من الإشارات في اتجاهات مختلفة. هذا يبين أن قضية مراكز القوي داخل الإنقاذ بشقيها الحزب والسلطة هي حقيقة قائمة وهي امتداد لتأثيرات الانشقاق الذي حدث في الحركة الإسلامية عام 1999 وسيظل تأثير ذلك الانشقاق باق في الكتلة التي بقيت في المؤتمر الوطني. ورسالة اللواء حسب الله ليست رسالة لكاتب صحفي أو محلل سياسي يحاول استنباط النتائج من المعلومات التي بحوزته وبربطها ببعضها البعض وأنما اللواء

حسب الله عمر قبل أن يكون أحد قيادات جهاز الأمن والمخابرات هو أحد القيادات الإسلامية منذ أن كان يافعا في المدرسة الثانوية. أرتبط بالتنظيم وكان فاعلا في كل نشاطاته أن كان في الحي أو في الجامعة وبالتالي رسائله تأتي من رجل يعلم ببواطن الأمور. وليست هذه المرة الأولى التي يقال فيها حسب الله من وظيفته بسبب خلاف داخل مؤسسات الإنقاذ فكان الخلاف الأول داخل جهاز الأمن والمخابرات وهي خلافات كانت على قمة الجهاز. سبب تلك الخلافات كلفت الجهاز إبعاد عدد من قياداته منهم حسب الله عمر. والخلاف الأخير جاء نتيجة لتصريحه الذي قال فيه أن بقاء الشريعة يجب أن يكون بإجماع القوى السياسية. المقام الذي قيل فيه هذا التصريح حتى ولو كان حسب الله نفسه مؤسس للحركة الإسلامية، مقام ديمقراطية. هذا باعتبار أن مستشارية الأمن القومي كانت تسعى لحوار مع القوى السياسية حول حل المشاكل بين الحزب الحاكم وقوى المعارضة بهدف تأمين النظام من جانب والسماح بهامش ديمقراطي يتيح للقوى السياسية أن تشارك في تزين نظام حكم الحزب الواحد ليس أن تظل فقط من أجل التزيين والزخرفة.

رفضت العديد من القوى السياسية المشاركة في الحوار الذي دعت إليه مستشارية الأمن القومي باعتبار أنها لا تتحاور مع مؤسسات أمنية. من المفترض أن مستشارية الأمن القومي هي مؤسسة دولة وتنفق عليها الدولة وهي غير مؤهلة لتقود مثل هذا الحوار مع القوى السياسية باعتبار أنها من جانب هي مؤسسة دولة خدمة مدنية ولا يحق لها تبني مثل هذا الحوار السياسي بحكم قانون الخدمة المدنية وحتى القرار الجمهوري الذي أسست بموجبه لا يعطيها هذا الحق فهي مؤسسة حسب ما ورد في القرار الجمهوري تقوم بعملية التنسيق بين المؤسسات وترفع تقاريرها لرئيس الجمهورية. والجانب الأخر أنها مؤسسة العاملين فيها ليس محايدين بل هم عناصر منتمية سياسيا

وقيادات في الحزب الحاكم وبالتالي هي مؤسسة غير مؤهلة للقيام بهذا الحوار. ولكن السؤال لماذا أقبلت عليه؟ حقيقة أن الفريق صلاح عبد الله قوش بعد إقالته من جهاز الأمن والمخابرات كان يبحث عن مؤسسة لها قوتها وفاعليتها في السلطة لتعزيز موقعه داخل السلطة كمركز جديد إضافة لمراكز القوي في النظام وبالتالي يحاول أن يتجه خلافا لمراكز القوي الأخرى في قضية الحوار مع القوي السياسية. ولكن رفضت القوي السياسية المعارضة الحوار ولم يقبل المشاركة إلا الاتحادي الديمقراطي الأصل. بهذا الموقف المعارض أراد البعض داخل النظام أن تكون هذه المحاولة الأولي والأخيرة للفريق لكي يعود إلي مركزه السابق في معية نافع علي نافع واعتقدوا أن المحرض للفريق هو اللواء حسب الله عمر. لذلك عندما وجدوا فرصتهم جاءت الضربات من أماكن عديدة للقضاء علي مجهودات حسب الله وتوجيه ضربة قاضية للفريق قوش.

بعد ما قال اللواء حسب الله مقولته عن الشريعة انتفضت العديد من مراكز القوي في المؤتمر الوطني وفي السلطة باعتبار أن حسب الله يريد أن يبيع الشريعة الإسلامية للحصول علي ترضية القوي السياسية المعارضة. كان الرد القوي في خطاب نائب رئيس الجمهورية علي عثمان محمد طه في زيارته الأخيرة إلي دارفور حيث أكد أنهم لن يتنازلوا عن الشريعة الإسلامية في الغاية والمبتغي. وتحدث كثيرا حول التزام الإنقاذ بالشريعة كان الهدف من ذلك هو الرد علي تصريحات اللواء حسب الله عمر رغم أن الهدف لم يكن هو حسب الله إنما كان الفريق صلاح قوش وإجهاض لدور مؤسسته الناشئة وبالتالي محاولة محاصرته والفريق العامل معه. هذا باعتبار أن صلاح قوش يريد الخروج من عباءة أستاذه نافع علي نافع وتشكيل كتلة جديدة داخل السلطة زيادة علي مراكز القوي وعلي عثمان محمد طه هو السبب في تحالف الحزب مع العسكر وتنفيذ الانقلاب العسكري علي النظام الديمقراطي وهو أيضاً الذي

تحالف مع العسكر من أجل إبعاد الترابي. ولكن بعد الانقسام خرج الحزب وخرجت أغلبية كوادره بعض منهم ذهبوا مع الترابي والأغلبية فضلت الابتعاد عن المعسكرين وأصبحت تتفرج الأمر الذي سمح لقاعدة عريضة من أصحاب المصالح الخاصة تدخل التنظيم والسلطة من أجل خدمة مصالحها الذاتية وهي فئة تعيش علي التناقضات. ووفقا لهذه التغيرات التي حدثت في القاعدة الإسلامية وجد علي عثمان نفسه دون سندا قويا كما كانت قاعدة الحركة الإسلامية تسنده كثيرا. بالتالي لم يكن أمامه إلا أفراد من مجموعات الطرق الصوفية التي تريد أن تكون السلطة حاضنة لها إلي جانب هيئة علماء المسلمين وغيرها من الهيئات والمجموعات التي تعتقد أنها هي حامية للإسلام والشريعة وهي تلعب لمصالحها الخاصة في ظل الصراع بين مراكز القوي. وقد إلتفت حول نائب رئيس الجمهورية ومثلت مركز قوة وفقدت بريقها بعد ما توزع الخطاب الفكري وأصبحت أضعف حلقة فيه ولا يظهر صوتها إلا في حالات الهتاف وتغيب عندما يكون الفكر والحوار المنطقي.

لم تستبعد رسالة اللواء حسب الله عمر القيادات السابقة في جهاز الأمن والمخابرات والذين أصبحوا أغلبية داخل المؤسسة التنفيذية مجلس الوزراء وهؤلاء يحيطون بالرئيس من جوانب كثيرة وهم يمثلون الفريق الذي يساند أستاذهم الذي علمهم السحر نافع علي نافع الذي كان مديرا لجهاز الأمن وتربي هؤلاء علي يديه كما هو الذي استقطبهم للجهاز وبالتالي يدنون له بالولاء وهي أحد مراكز القوي داخل الإنقاذ والتي تحاصر رئيس الجمهورية من كل جانب ودائما يتظاهرون أنهم لا يريدون الدخول في صراع مع المجموعة الناشئة خاصة مجموعة الفريق صلاح قوش. ولكنهم لا يستبعد أنهم يحركون مجموعات أخرى هي التي تقوم بذلك الدور لتقويض المجموعة. وقد نجحوا في ذلك باستغلال تصريح اللواء حسب الله وتأويله واستنفار عناصر كثيرة من المجموعات التي في

الهامش وتستخدم فقط في المكائد السياسية. بالفعل استطاعوا إقالة اللواء حسب الله من المستشارية وإبعاده عن أية عمل قيادي يخص المؤتمر الوطني وهي ضربة موجهة إلي صلاح عبد الله قوش.

مركز القوي الأخر هو جهاز الأمن والمخابرات بقيادة الفريق محمد عطا الذي يعرف بواطن الأمور ويريد أن يبتعد بالجهاز عن الصراعات السياسية داخل الإنقاذ وعدم الانحياز لأية مجموعة ويحاول أن يكون قريبين فقط من رئاسة الجمهورية والمجموعة المحيطة بالرئيس من القوات المسلحة. كانوا يعلمون أن الرئيس هو المركز الذي تلتف حوله كل تلك المراكز ويحاولون من خلال قربهم من الرئيس أن ينفذوا مشروعاتها. ومن خلال موقع الرئاسة بالسلطة التنفيذية كانوا يمررون أجندتهم في الحدود المقبولة حتى لا تعرضهم للتصنيف رغم أن محمد عطا لم يكن بعيدا عن الصراعات التي نشأت في البداية ولكنه إلتزم في حدود المهنية فقط. لذلك كان يحاول أن يغير السمات التي تعلقت بشخصية الجهاز. مع ذلك حاولت بعض مراكز القوي أن تدخل الجهاز في صراعاتهم باعتبار هناك قناة مفتوحة بين الجهاز والرئاسة وهي التي تمد رئيس الجمهورية بتقارير يومية حول العديد من القضايا عبر. وزير شئون الرئاسة الفريق بكري حسن صالح. هذه القناة هي التي جعلت الجميع يحاول كسب ود الجهاز.

المركز القوي في السلطة تمثله مجموعة العسكريين في السلطة الرئيس البشير ووزير الدفاع عبد الرحيم محمد حسين وبكري حسن صالح وزير شئون مجلس رئاسة الجمهورية وهي المجموعة التي كانت قد حسمت الصراع الذي نشب عام 1999 والذي أبعدت الترابي من السلطة وأبعدت التيار الإسلامي وتمسكت فقط بالقشور بسبب هدف إيديولوجي. هؤلاء العسكريين لا يريدون أن تكون هناك قوة تعادل المؤسسة العسكرية وبالتالي لم يحاولوا لململة

الحركة الإسلامية حتى لا يخرج ترابي جديد وبالتالي أن يخضع الجميع في السلطة لامرأتهم. وهذه المجموعة هي التي تحاول أن لا تتخلي عن بزاتها العسكرية لكي تكون قريبة من المؤسسة العسكرية الأمر الذي يجعل. رئيس الجمهورية دائما للزيارات للمؤسسة العسكرية ووحداتها باعتبار أنها تمثل أقوي مراكز القوي في السلطة وتشكل حماية له ورغم ابتعادها عن الصراع المباشر. ولكنها مع ذلك كانت تمثل جزءا من الصراع في كلياته باعتبار أنها المؤسسة الحامية للنظام ورموزه كما هي القادرة علي حسم الصراع لمصلحة أفرادها في السلطة. ورغم شعارات الإيديولوجية التي يرفعونها ولكنها تعتبر وسيلة من وسائل الحماية للنظام.

كانت كل مراكز القوي تلتف حول الرئيس وتحاول التقرب منه باعتبار أنه مسنود من قبل المؤسسة التي تستطيع ردع أية مركز يحاول تجاوز المساحة الممنوحة له في تحركاته. كان الصراع داخل المراكز مطلوب لهيئة الرئاسة باعتبار أن النظام يتماسك بالتناقضات بين أطرافة وليس التناغم لأنه يقوم علي القبول والرضي من قبل الجميع بموجب الفكرة والإيديولوجية المتفق عليها والتي تشكل مبادئ تجمعهم وهي التي تجعلهم يقبلوا الديمقراطية كطريق لحل المشاكل حتى داخل التنظيم. هنا تكون المساحات المتاحة من الديمقراطية والحرية تعطي الجميع فرصا متساوية والقبول بالوسائل الديمقراطية هو الذي يجعل التناغم ينشأ تلقائيا. ولكن في ظل النظم الديكتاتورية دائما هناك معلومات غائبة عن البعض كما أن مساحات الحرية والديمقراطية ضيقة استبدلت بالولاء. الرئيس لكي يضمن ولاء الجميع يجب أن يجعل هذه المراكز قائمة والصراع بينها مستعرا. ولكنها بهذا أضعفت النظام وخلخلته والرئيس لا يريد أن تبرز كاريزما في ظل النظام القائم ويظل هو الوحيد داخل الحزب والسلطة.

جاءت مجموعات من القوي السياسية الأخرى وتم إلحاقها بالنظام كقوي سياسية موالية أو متوالية فهي علي هامش الحراك السياسي الحقيقي ولكن مهمتها الأساسية هي ترجيح كفة مركز الرئاسة الذي يمثل مركز القوة داخل النظام وهي أيضاً كما هي أية تصبح أدوات مساومة بين المؤتمر الوطني في حواره مع القوي المعارضة الرئيسية. كما أن هناك قيادات من المعارضة تحالفت مع الإنقاذ وهي ليست جزءا من الصراع الدائر لمراكز القوي. وفي الواقع أنها علي هامش الفعل السياسي القادر علي التأثير المباشر علي المراكز وتقف علي أرض رخوة لأنها سوف تكون أول الخاسرين إذا اشتد الصراع بين تلك المراكز وفرض عليها الصراع اتخاذ مواقف واضحة.

هناك صراعا بين مراكز القوي في سلطة الإنقاذ ولكن العصابة كلها تلتقي عند. رئيس الجمهورية الذي يمثل اللحمة التي تمسك ترابط الحزب والسلطة وبالتالي كل المراكز هي تريد استمرارية الرئيس لكي تضمن بقائها ووجودها في السلطة واستمرارية النظام نفسه هو من بقاء الرئيس وغياب الرئيس يعني نهاية الإنقاذ لآن الصراع بين مراكز القوي هو الذي سوف يدمر الحزب والسلطة.

القضية المهمة التي تحتاج لحليل هي خبر الطائرة التي قذفت بصاروخ عربة فيها شخصين وهي ليست المرة الأولي التي يتم فيها استباحة أجواء السودان وقتل مدنيين المرة الأولي. تم ضرب مصنع الشفاء ولم تستطيع السلطة الحاكمة تحديد هل ضرب بطائرة أم بصواريخ من بارجة أمريكية. المرة الثانية العربات التي ضربت في البحر الأحمر والتي لم تقول سلطة الإنقاذ من الذي قام بهذه الهجمات ومن هم الذين قتلوا في تلك الضربة. وهذه الضربة الثانية في البحر الأحمر القضية المهمة التي يجب الالتفات لها والبحث فيها ليس الطائرة التي ضربت العربة رغم أن الجهة معروفة هي لإسرائيل ولكن هذه الضربة والضربة

الأولى تؤكد أن هناك قوى داخلية تعمل كعملاء لإسرائيل وهي التي تمد العدو الإسرائيلي بالمعلومات وتقوم بالمتابعة الصيقة للأهداف التي ترصدها وهي أيضاً تملك أدوات ووسائل اتصال حديثة تجعلها تحدد أهدافها والتوقيت بشكل سريع جدا وهؤلاء العملاء لهم قدرة علي الحركة والمتابعة والاختراق والسؤال المهم جدا أين جهاز الأمن والمخابرات أليست هي مهمته الأساسية كشف مثل هذه الأعمال وحماية سيادة الوطن والمواطنين؟ أم نسي العاملون فيه مهنيتهم وتفرقوا فقط لمتابعة المعارضة والمعارضين وقد فشلوا تماما في كشف العملاء الأمر الذي جعل إسرائيل تمرح في السودان دون أية رادع يمنعها من ممارسة تجاوزاتها. كان كل شيئ مباح لجهاز الأمن ولم يكن الأمن القومي يعني الكثير عندهم. كانوا مستعدين حتي للنخاسة في مقابل المال.

كان جهاز الأمن يقوم بحملة تجنيد للجيش البحريني وسط أبناء قبيلة الرشايدة بشرق السودان بمشاركة وفد أمني بحريني رفيع وممثل لوزارة الدفاع السودانية برتبة عقيد في نهاية شهر يونيو 2013. وأضاف ان بدء حملة التجنيد سبقه إجتماع في الخرطوم ضم عبد الرحيم محمد حسين وزير الدفاع، محمد عطا مدير جهاز الأمن، ممثل من القصر الجمهوري، أحمد حميد بركي ناظر قبيلة الرشايدة عضو المجلس الوطني، أحمد حمدان صهر الناظر ويحمل الجواز البحريني، ووفد أمني بحريني. وإنتهى الإجتماع إلى إتفاق بأن يتم تجنيد شباب من قبيلة الرشايدة وتسفيرهم إلى البحرين حيث يتم تجنيسهم هناك وإلحاقهم بالجيش البحريني. وكان المقابل عمولة كبيرة تم تسليمها لعبد الرحيم محمد حسين بواسطة أحمد حمدان من أبناء الرشايدة ويحمل الجواز البحريني ومعروف وسط أبناء الرشايدة بنشاطه الواسع في الإتجار بالبشر والتهريب، مضيفاً ان محمد عطا وآخرين قد إستلموا ايضاً مبالغ مقابل الموافقة وتسهيل العملية وحث الشباب على الهجرة والتجنيد. وأضاف ان عملية التجنيد بدأت قبل أسبوع ويشرف

عليها: ممثل لجهاز الأمن، ممثل لوزارة الدفاع، ممثل لولاية كسلا والوفد الأمني والعسكري والطبي البحريني الذي يقوم بالفحص والتسجيل، إضافة إلى سليم أحمد حميد بركي إبن الناظر ويعمل ملازم في القوات المسلحة، والذي يشرف على عملية جلب الشباب من منطقة مستورة والقرى المحيطة بها حتى أطراف مدينة خشم القربة إلى مركز التجنيد الذي أقيم بقرية أبو طلحة بضواحي كسلا.

تم إجتماع بين محمد عطا مدير جهاز الأمن وجمعة الكعبي وزير شئون البلديات والتخطيط العمراني البحريني وحضره الشيخ خليفة بن عيسى آل خليفة أحد أفراد الأسرة المالكة بالبحرين، والذي نشر في صحف الخرطوم يوم الأول من يوليو 2013 أنه بحث تسهيلات الاستثمار الزراعي البحريني في السودان. عقد هذا لتسهيل وتسريع عملية تجنيد شباب الرشايدة. لكن منذ متى كان محمد عطا أو جهاز الأمن يبحث عملية التسهيلات الزراعية.

الحصيلة هي تجنيد أكثر من 200 شاب منذ فتح باب التجنيد وظلت الحملة مستمرة. وكانت حكومة المؤتمر الوطني متورطة في عمليات كبيرة في التهريب والإتجار بالبشر بشرق السودان بواسطة ضباط من جهاز الأمن والقوات المسلحة. هذا التورط كان في النزاع الداخلي البحريني بين السنة والشيعة هناك سيجلب المزيد من الخراب يضاف للخراب الذي لحق جراء تحويل حكومة المؤتمر الوطني للبلاد إلى ساحة صراع بين ايران واسرائيل. كما ان تهجير شباب البلاد بالإغراءت والزج بهم في حروب خارجية كمرتزقة مقابل حفنة من الدولارات تذهب لعبد الرحيم وعمر البشير ومن معهما يعد جريمة تستوجب العقاب الرادع.

نشرت صحيفة اخبار الخليج البحرينية الصادرة في الأول من يوليو 2013 لقاء
محمد عطا والوفد البحريني. وأوردت أنه إلتقى الدكتور جمعة بـن أحمد الكعبي
وزير شئون البلديات والتخطيط العمراني بالعاصمة السودانية الخرطوم الفريق
أول مهندس محمد عطا المولى رئيس جهاز الاستخبارات والامن الوطني
السوداني[22]. أكد الدكتور جمعة في اللقاء اهتمام حكومة مملكة البحرين بتوسيع
مجالات التعاون بين البلدين الشقيقين البحرين والسودان، والارتقاء بها إلى
آفاق أرحب.

---

[22]اتصل بي الفاتح السيد نائب مدير وكالة سون للأنباء طالباً مني تحديد موقف ورأي
أقتصادي بخصوص خارطة الطريق الاستثمارية، كما سماها. كان رأيي كما نشر في
اليوم 29 يوليو 2013 أنها ستكون في نظر المواطن المحتقن نفسيا من الغلاء والتضخم
وضعف القوة الشرائية للعملة الوطنية، وفي ظل الحالة المعيشية لا تمثل إلا مقدمة لبيع
البلاد وأن الحكومة الإنقاذية أصبحت لا تمثل بالنسبة إليه إلا مصاص دماء يبتغي بيع
كل ما يمكن بيعه لكي تنقذ رقاب أفراد العصبة النخبوية. وأن ذلك ليس إلا شحن لمن
تبقى منهم في ولائه لكي ينضم إلي أي من يدعو نفسه إصلاحي أو ينضم إلي المتمردين.
هذا بالإضافة إلي أن رأس المال بطبيعته جبان ومن سيأتي للسودان بأمواله في ظل
ظروفه السياسية والاقتصادية والأمنية المضطربة.

علي أن الناشط السياسي مصلح نصار من أبناء الرشايدة كشف لصحيفة آخر لحظة 3 يوليو 2012 عن تورط عضو المجلس الوطني شيخ قبيلة الرشايدة أحمد حميد بركي في تنظيم هجرة منظمة لشباب القبيلة مع جهات بحرينية.وذكر بأنه يملك تسجيلاً صوتياً للناظر بهذا الخصوص. جعل هذا الناظر بركي يهدده بالقتل مما إضطر الناشط مصلح نصار لفتح بلاغ في مواجهته ولكن المحكمة لم تفصل في القضية. ونشر موقع مرآة البحرين 4 ابريل 2012، أنباء عن هجرة منظمة لقبيلة الرشايدة من السودان إلى البحرين وأن حكومة المؤتمر الوطني تسمسر مع حكومة البحرين. وأرسلت رسالة لايران بأن المجندين من الرشايدة سيكونون عيناً لهم في البحرين ووقوداً في الانقلاب على أسرة آل خليفة المالكة. كانت حكومة المؤتمر الوطني تعتقد بأنها تعظم من فوائدها اذا لعبت على جميع الحبال من ايران والخليج واسرائيل وأمريكا والجماعات الارهابية. لكن أوضحت الأحداث المتلاحقة فان هذه

السياسة المنافقة من ركوب جميع السروج أدخلت البلاد في عين العواصف الاقليمية والدولية وهددت أمنها القومي وأضرت بالأبرياء والمدنيين السودانيين. هناك اتهام إسرائيلي أن حماس تقوم بتهريب السلاح من خلال منطقة البحر الأحمر والطائرات لإسرائيلية هي التي تقوم بضرب الأهداف وكان رئيس الوزراء الإسرائيلي قد صرح أثناء الضربة الأولى حيث قال أن إسرائيل سوف تضرب أية جهة تشك أنها تشكل خطرا للأمن إسرائيل أينما كانت. إسرائيل لا تستطيع ضرب أهداف داخل السودان إذا لم يكن لها عملاء داخله توظفهم من أجل متابعة الشخصيات التي تستهدفهم. هذا هو صلب عمل جهاز الأمن والمخابرات السوداني الذي فشل منذ الضربة الأولى في كشف هذه الشبكة من الجواسيس التي تعمل داخل السودان وتمد إسرائيل بمعلومات تكاد تكون يومية. وهم يعملون بعيدا عن أعين رجالات المخابرات الذي كرسوا عملهم لمتابعة المعارضة وفتح غرف في فيس بوك وتجدهم فقط في غرف وسائل الاتصال. تركوا الجواسيس في البلاد يتجولون كيفما شاءوا. وإذا كان هناك ضمير وطني يجب أن تقدم كل قيادات جهاز الأمن والمخابرات استقالاتهم.

السؤال المنطقي من يكون هؤلاء الجواسيس هل هم أجانب أم سودانيين؟ أغلب الظن أن هؤلاء ليس سودانيين ولكن ليس بعيدين عن السودانيين وأقرب احتمال أن إسرائيل تستخدم الفلاشا الذين هربوا من السودان لاختراق تلك المنطقة. وهؤلاء يستطيعون التعرف علي المجموعات التي تقطن المنطقة واستخدام بني جلدتهم الذين يعرفون السودان خاصة منطقته الشرقية ويعملون علي تهريب الآليات والأجهزة من الحدود الشرقية إلي داخل السودان وتجنيد العديد بدفع أموال طائلة لهم خاصة في حالة الفقر الذي تعيش فيها البلاد. إسرائيل تستطيع دفع أموال طائلة جدا لكي تنجح في عملية الاختراق وهناك عناصر لابد أن تكون قريبة جدا من أهل القرار في البحر الأحمر لكي

يسمح لهم بالحركة الدائبة والواسعة لجمع المعلومات وإرسالها. كما لهم عناصر أيضاً في كل مكان في السودان مما يسهل لهم الحركة والمتابعة. ومن غير المستبعد أيضاً أن يكون الاختراق أيضاً في حركة حماس وقيادتها لكي يتم متابعة حركة قيادات حماس في الخارج. ولكن قد وضح من العمليتين أن هناك شبكة كبيرة جدا لعملاء إسرائيل في السودان تعمل وتتحرك بسهولة ويسر مما يؤكد أنها ليست ببعيدة عن المسؤولين وهو التحدي الموجه لجهاز الأمن والمخابرات. لم يكن بوسع الفريق محمد عطا أن يقسم الجهاز نصفين جزء يتابع المعارضة التي تخصص فيها ورهن عمله كله تجاهها وجزء يتفرق لكي يكتشف هؤلاء الجواسيس الذين استباحوا البلاد ويعملون فيها دون خوف.

الاستنتاج أن السودان بتورطه مع حركات متطرفة، منها تلك الإرهابية، في أرجاء العالم صار مستهدفاً خاصة بعد سياسات مكافحة الارهاب التي خطتها وتبنتها كل دول الغرب. وصار من الواضح ضرورة دخول الاستخبارات المضادة للإرهاب إلي السودان وتغلغلها في مواقع عديدة منه، بل وتمويلها لقواعد مناوئة للسلطة واختراقها لأجهزتها كان ذلك امراً يسيراً مع تآكل الحس الوطني واضطراب السياسات الحكومية وذبول الولاء للوطن.